Achim Schütz / Olaf Fischer / Margit Burgard

Mündliche Prüfung Bankfachwirt

W0285145

Achim Schütz / Olaf Fischer
Margit Burgard

Prüfungstraining zum Bankfachwirt

Mündliche Prüfung Bankfachwirt

Wie strukturieren, beraten und verkaufen Sie am erfolgreichsten im Prüfungsgespräch?

3. Auflage

GABLER

Bibliografische Information der Deutschen Nationalbibliothek
Die Deutsche Nationalbibliothek verzeichnet diese Publikation in der Deutschen Nationalbibliografie; detaillierte bibliografische Daten sind im Internet über <http://dnb.d-nb.de> abrufbar.

1. Auflage 2005
2. Auflage 2007
3. Auflage 2010

Alle Rechte vorbehalten
© Gabler | GWV Fachverlage GmbH, Wiesbaden 2010

Lektorat: Guido Notthoff

Gabler ist Teil der Fachverlagsgruppe Springer Science+Business Media.
www.gabler.de

Das Werk einschließlich aller seiner Teile ist urheberrechtlich geschützt. Jede Verwertung außerhalb der engen Grenzen des Urheberrechtsgesetzes ist ohne Zustimmung des Verlags unzulässig und strafbar. Das gilt insbesondere für Vervielfältigungen, Übersetzungen, Mikroverfilmungen und die Einspeicherung und Verarbeitung in elektronischen Systemen.

Die Wiedergabe von Gebrauchsnamen, Handelsnamen, Warenbezeichnungen usw. in diesem Werk berechtigt auch ohne besondere Kennzeichnung nicht zu der Annahme, dass solche Namen im Sinne der Warenzeichen- und Markenschutz-Gesetzgebung als frei zu betrachten wären und daher von jedermann benutzt werden dürften.

Umschlaggestaltung: KünkelLopka Medienentwicklung, Heidelberg
Druck und buchbinderische Verarbeitung: Ten Brink, Meppel
Gedruckt auf säurefreiem und chlorfrei gebleichtem Papier
Printed in the Netherlands

ISBN 978-3-8349-2068-3

Vorwort

In Ihrer mündlichen Prüfung zum geprüften Bankfachwirt (IHK) wird von Ihnen verlangt, dass Sie souverän Kundengespräche führen und Präsentationen halten können. Dabei handelt es sich um einen Drahtseilakt der kundenorientierten Vorgehensweise auf hohem fachlichem Niveau. In der Prüfung wird eine entsprechende Situation simuliert, die eine gezielte Vorbereitung erfordert. Das Buch wird Ihnen helfen diese Herausforderung erfolgreich zu meistern. Sie werden lernen, Ihre Prüfung systematisch vorzubereiten und Ihr Verkaufsgespräch klar zu strukturieren. Aber über die mündliche Prüfung hinaus eignet sich das Buch als Nachschlagewerk und zur Auffrischung bzw. Vertiefung der Kenntnisse für erfahrene Praktiker.

Um Ihnen alle Trümpfe zum erfolgreichen Bestehen der Prüfung an die Hand zu geben, ist das Buch wie folgt aufgebaut:

- Zunächst wird Ihnen die ideale Vorgehensweise zur Führung von erfolgreichen Kundengesprächen erläutert. Darüber hinaus gehen wir auf die wichtigsten Bausteine einer gelungenen Präsentation und das kleine 1 x 1 der Rhetorik ein.

- Im dann folgenden, sehr viel umfangreicheren Teil, werden Fälle zu den drei Vertiefungsfächern vorgestellt, wie sie auch in Ihrer Prüfung vorkommen können. Den Teil Privatkundengeschäft hat Margit Burgard, den Teil Immobiliengeschäft Olaf Fischer und den Teil Firmenkundengeschäft Achim Schütz verfasst. Dabei deckt das Buch sowohl die fachliche als auch die handlungsorientierte Komponente für jeden individuellen Fall ab. Die Ausführungen beziehen sich auf den Rechtsstand 2009.

Nachdem Sie die verschiedenen Kapitel dieser Lektüre durchgearbeitet haben, sind Sie für den Ernstfall bestens gewappnet.

Für all diejenigen unter Ihnen, denen sicher aber nicht sicher genug ist, steht zusätzlich noch der kostenlose Onlineservice im Internet unter http://www.bankmensch.de rund um die Uhr zur Verfügung. Dort erhalten Sie unter anderem zusätzliche Informationen und Downloads sowie Aktualisierungen.

Nun aber genug der Worte, schließlich ist eine Prüfung mit Erfolg zu bestehen. Darum machen wir uns nun gemeinsam auf den Weg: „Erfolgreich durch die mündliche Prüfung“.

Forchheim, Berlin und Göttingen, im August 2009

Margit Burgard, Olaf Fischer und Achim Schütz

Inhaltsverzeichnis

Abkürzungsverzeichnis

AbBV	Verordnung über Abschlagszahlungen bei Bauträgerverträgen
ABS	Asset Backed Securities
BA	Business Angles
BAFin	Bundesaufsichtsamt für Finanzdienstleistungen
BauG	Baugesetzbuch
BelWertV	Beleihungswertermittlungsverordnung
BGB	Bürgerliches Gesetzbuch
BIP	Bruttoinlandsprodukt
BWA	Betriebswirtschaftliche Auswertung
CFR	Cost and Freight
CIF	Cost, Insurance and Freight
DES	Delivered Ex Ship
EKR	Eigenkapitalrentabilität
ErbStG	Erbschaftssteuergesetz
ErbStDV	Erbschaftssteuer-Durchführungsverordnung
EUREX	European Exchange
EXW	Ex Work
FOB	Free On Board
G+V	Gewinn- und Verlustrechnung
GKR	Gesamtkapitalrentabilität
GroMiKV	Großkredit- und Millionenkreditverordnung
GU-Vertrag	Generalunternehmervertrag
HEK	Halbeinkünfteverfahren
HGB	Handelsgesetzbuch
IHK	Industrie- und Handelskammer
KAGG	Gesetzes für Kapitalanlagegesellschaften
KfW	Kreditanstalt für Wiederaufbau
KIV	Kontakt-, Informations-, Verkaufsphase
KWG	Kreditwesengesetz
MABV	Makler- und Bauträgerverordnung
MHG	Mehrheitsgesellschafter
PfandBG	Pfandbriefgesetz
SolvV	Solvabilitätsverordnung
SPV	Special Purpose Vehicle
VC	Venture Capital
WertV	Wertermittlungsverordnung
WertR	Wertermittlungsrichtlinie
WoP	Wohnungsbauprämie

Einführung

1 Die mündliche Prüfung

Nachdem Sie den schriftlichen Prüfungsteil erfolgreich unter Dach und Fach gebracht haben, geht es nun um den krönenden Abschluss Ihrer Prüfung zum Bankfachwirt. In diesem ersten Kapitel wird Ihnen noch einmal kurz vorgestellt, wie die mündliche Prüfung abläuft und worauf Sie besonders achten sollten.

1.1 Situation

In Ihrer mündlichen Prüfung zum Bankfachwirt geht es darum, ein praxisbezogenes Situationsgespräch zu führen und die Prüfer von Ihrer Leistung zu überzeugen.

Dabei handelt es sich um zwei mögliche Formen des Gesprächs: Entweder haben Sie die Aufgabe, anhand eines konkreten Falles eine Kundenberatung zu führen oder eine „Präsentation" zu einem bestimmten Thema zu halten.

Hauptsächlich maßgeblich für die mündliche Prüfung ist das entsprechende Wahlpflichtfach, das Sie ausgewählt haben. Zu Beginn der Prüfung erhalten Sie grundsätzlich zwei Fälle, wovon Sie sich einen aussuchen und darauf vorbereiten können. Nachdem Sie sich für einen der beiden Fälle entschieden haben, beginnt Ihre Vorbereitungszeit. Jetzt wird es ernst, denn nach Ihrer Vorbereitung folgt die wiederum etwa zwanzig minütige mündliche Prüfung.

Die Fälle, die Ihnen zur Auswahl gestellt werden, beinhalten also eine konkrete Situation, in der spezifische Probleme genannt werden. Als Orientierung sind in der Regel mehrere Fragen zu der speziellen Situation angefügt, die Ihnen bei der Vorbereitung des Falls wichtige Anhaltspunkte liefern.

Nachdem Sie nun einen ersten Überblick über die Prüfungssituation erhalten haben, widmen wir uns dem Inhalt und der Beurteilung der mündlichen Prüfung zum Bankfachwirt.

1.2 Inhalt und Beurteilung der Prüfung

Wie bereits erwähnt, erhalten Sie zu Beginn der Prüfung i.d.R. zwei Fälle zur Auswahl. Sicherlich interessiert Sie vor allem, wie diese Fälle aufgebaut sind.

In der konkreten Situation, die Ihnen vorgestellt wird, sind vor allem Informationen zum Kunden und dem entsprechenden Geschäft oder des zu behandelnden Problems enthalten. In der Regel werden Sie einen Fall lesen, der etwa eine halbe Seite lang ist. Bei Durchsicht des Textes bekommen Sie schon einmal eine grobe Idee, worum es im Gespräch gehen wird. Damit Sie eine noch detailliertere Vorstellung von den Inhalten des Gespräches bekommen, sind in der Aufgabenstellung etwa drei bis sechs Orientierungsfragen angehängt, die den Kern des Gespräches schon einmal anreißen. Seien Sie aber in jedem Fall auch auf weitere Zwischenfragen des Prüfers gefasst, die im Text noch nicht beschrieben sind. Die konkreten Fälle behandeln vor allem Ihr Wahlpflichtfach, sind aber häufig in einen allgemeineren Kontext eingebettet. Dieser Kontext ist nicht immer sofort erkennbar. Er wird Ihnen aber spätestens bekannt, wenn Sie mit ein bis zwei Problemen aus einem Ihrer Hauptfächer konfrontiert werden. So bietet es sich zum Beispiel an, einen Dokumenteninkassofall im Fach Firmenkundengeschäft mit dem VWL-Thema der „Volkswirtschaftlichen Gesamtrechnung“ zu verknüpfen. So können Sie auch in anderen Fällen über Orientierungsfragen stolpern, die sich mit Bankbetriebswirtschaft, Recht oder Betriebswirtschaft beschäftigen.

Was die Beurteilung der Prüfung angeht, so besteht das Ziel der Prüfung in der Führung eines praxisorientierten Situationsgespräches. Dabei sollen Sie zeigen, dass Sie:

- die vorgegebenen Sachverhalte systematisch analysieren, zielorientiert bearbeiten und darstellen können.
- die Gespräche situationsbezogen vorbereiten und durchführen können

Dabei bezieht sich der erste Punkt vor allem auf Prüfungsfälle, bei denen Sie der Geschäftsleitung oder einem Vorgesetzten ein bestimmtes Problem präsentieren sollen. Der zweite Punkt hat vor allem Bedeutung für Prüfungsfälle, in denen ein Beratungsgespräch simuliert wird.

Leider sind alle Industrie- und Handelskammern bzw. deren Prüfer unterschiedlich und halten sich nicht immer streng an die Prüfungsordnung. Mitunter werden auch Frage-Antwort Spielchen getrieben, was aus unserer Erfahrung heraus aber glücklicherweise recht selten vorkommt. Häufig fragen uns auch Prüflinge, wie wahrscheinlich eine Präsentation bzw. ein Kundengespräch ist. Auch dies hängt von der jeweiligen IHK ab. Aus unserer Erfahrung heraus handelt es sich aber in ca. 75 % der Fälle um Kundengespräche und in ca. 25 % der Fälle um Präsentationen.

Da dies vielleicht doch noch sehr abstrakt erscheint, wollen wir uns nun konkret mit der Bewertung der Prüfung auseinander setzten.

Im praxisorientierten Situationsgespräch kommt es darauf an, Ihr Fachwissen mit Ihren Handlungskompetenzen zu koppeln und einen insgesamt harmonischen Eindruck zu vermitteln. Nun werden Sie sich sicher fragen, was unter Handlungskompetenzen zu verstehen ist: Hierbei handelt es sich im Einzelnen um Persönlichkeits-, Sozial- und Methodenkompetenz.

Bewertung der mündlichen Prüfung

Fachwissen:

Sie stellen die Zusammenhänge klar und vor allem fachlich korrekt dar.

Persönlichkeitskompetenz:

Sie treten sicher auf und haben eine positive Ausstrahlung. Sie wirken stabil und können überzeugen und argumentieren. Es fällt Ihnen leicht, sich motiviert und (sprachlich) ansprechend zu artikulieren. Sie zeichnen sich durch Kreativität, Flexibilität und Lernfähigkeit aus.

Sozialkompetenz:

Sie interessieren sich für die Bedürfnisse Ihres Gegenübers und zeigen sich kommunikativ, einfühlsam und problemlösungsorientiert. Servicebereitschaft und gekonnter Umgang in Konfliktsituationen runden Ihr Profil ab.

Methodenkompetenz:

Sie beweisen analytisches Verhalten, indem Sie zielorientiert und unternehmerisch denken und handeln. Sie haben stets den Überblick über die Situation und ein vernünftiges Zeitmanagement. Es ist Ihnen ein Leichtes, Sachverhalte zu visualisieren, strukturiert darzustellen und zu präsentieren. Sie zeichnen sich durch kundenorientiertes und verkäuferisches Handeln aus.

Der Fokus der Beurteilung liegt in der Fachkompetenz, die im Endeffekt über 60 % der Punkte in Ihrer mündlichen Prüfung entscheidet. Die Handlungskompetenzen gehen mit 40 % in die mündliche Endnote ein.

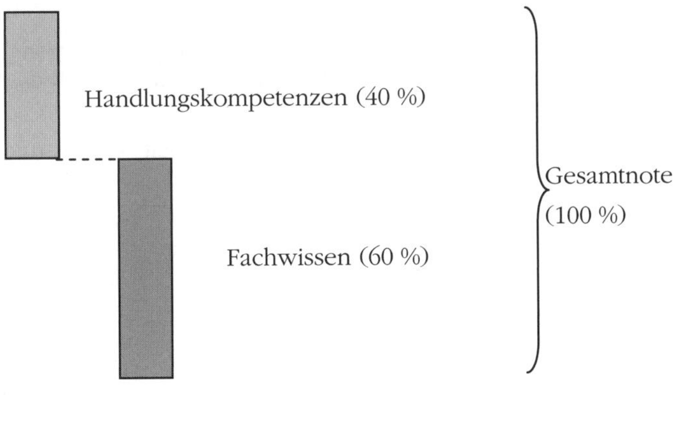

Um gute oder gar sehr gute Ergebnisse zu erreichen, kommen Sie also nicht um die Handlungskompetenzen herum. Daher gehen wir im folgenden Kapitel kurz auf die wichtigsten Punkte ein, die Ihnen ein positives Ergebnis in der Handlungskompetenznote bescheren sollen.

Diejenigen unter Ihnen, die bereits Erfahrungen im Führen von Kundenberatungen und halten von Präsentationen haben, können das nachfolgende Kapitel auch überspringen. Es ist aber sicherlich hilfreich, um erlerntes Wissen wieder aufzufrischen oder gegebenenfalls zu vertiefen.

1.3 Tipps zur Vorbereitung auf die Prüfungssituation

Um locker in die mündliche Prüfung zu starten, ist es sinnvoll, sich schon im Vorfeld einen Beratungsordner anzulegen. In diesem Ordner finden Verkaufs- und Visualisierungshilfen zu den Themen Versicherungen, Bausparen, Fonds, Sparen, Aktien, Förderprogrammen etc. ihren Platz. Sparen Sie hier nicht, um auch im Cross-Selling-Fall bestens gerüstet zu sein!

Manche Industrie- und Handelskammern lassen entsprechende Ordner nicht zu. Daher sollten Sie sich im Vorfeld der Prüfung erkundigen, ob Sie entsprechendes Material mitbringen dürfen.

Da wir mit Bedürfnisfeldern arbeiten, ist es für Sie leichter, diese Felder schon auf Ihrem Beratungsblock vor zu skizzieren, um hier die Ergebnisse des Gesprächs besser festhalten zu können und auch nichts zu vergessen. Hier macht es auch Sinn, wenn Sie sich auf Ihrem Beratungsblock gleich einen Hinweis für den Folgetermin anbringen. Nicht fehlen sollte bei Ihrer Prüfung ein Taschenrechner, Stifte, evtl. ein Textmarker und Visitenkarten.

Um sich gezielt auf Ihre Prüfungssituation einstellen zu können, ziehen Sie sich am besten an einen ruhigen Ort zurück und gehen das Kundenprofil im Hinblick auf die Orientierungsfragen genau durch. Skizzieren sie sich hier ruhig schon Lösungsansätze und wichtige Stichpunkte, die Sie im Gespräch ansprechen wollen. Diese könnten z.B. sein: Fachliche und thematische Fragen an den Kunden, Fragen zu den Bedürfnisfeldern, welche Fragen könnte der Kunde noch an mich haben etc.

Sinnvoll ist es auch, sich Ihren „Prüfungs-Arbeitsplatz“ möglichst praxisnah und vertraut her zu richten. Legen Sie sich hier Ihre Beratungshilfen griffbereit und sorgen Sie für eine „aufgeräumte Atmosphäre“.

All diese Kleinigkeiten schaffen Ihnen ein gewohntes Arbeitsumfeld und eine stressfreiere Prüfung!

2. Handlungskompetenz

Im nun folgenden Teil erläutern wir zunächst noch einmal kurz, wie Sie eine erfolgreiche Kundenberatung durchführen sollten. Danach gehen wir auf wichtige Punkte ein, die Sie bei einer möglichen Präsentation beachten sollten.

2.1 Die ideale Kundenberatung

Ziel Ihrer Kundenberatung ist es, die fachlichen Aspekte kundenorientiert zu verkaufen. Dazu sollten Sie den folgenden Aufbau des Kundengesprächs, der sich KIVC-Form nennt, beherzigen.

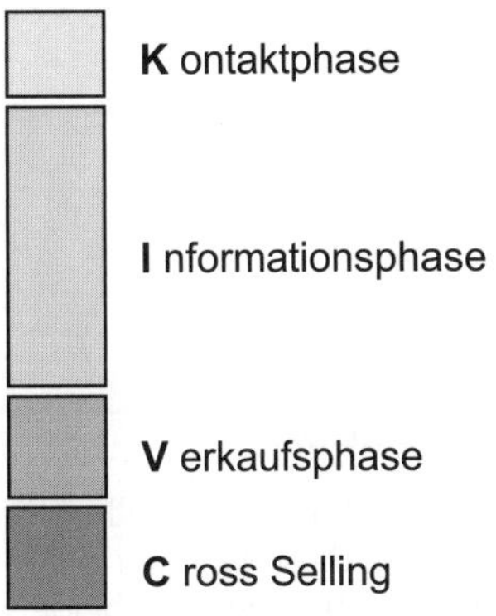

Diese vier Phasen sind Grundlage für eine erfolgreiche Kundenberatung. Wenn Sie diese Struktur beachten, decken Sie bereits einen Großteil der Punkte für die Methodenkompetenz ab. Um aber ein wirklich erfolgreiches Kundengespräch führen zu können, sollte es Ihnen gelingen, mit dem Kunden auf eine Ebene, die Beziehungsebene, zu kommen.

2.1.1 Der Weg zur Beziehungsebene

Sie werden sich jetzt fragen, wozu eine Beziehungsebene aufbauen und was ist das überhaupt? Eine Studie der Management- und Technologieberatung Booz Allen Hamilton und Reuters belegt die Frustration der Kunden über das Versagen der Banken, selbst bei Basisangeboten. Der Kunde fühlt sich missverstanden, noch wird ihm ein wirklich maßgeschneidertes Angebot unterbereitet. Eine andere Studie wiederum belegt, dass rund 60 bis 70 % der Bankkunden auch künftig Wert auf die persönliche Beratung legen. D.h. hier können und müssen wir ansetzen:

Mit den Augen des Kunden sehen,

in seiner Sprache sprechen

und mit seinen Ohren hören

- das und nicht weniger erwarten die Kunden

von ihrem persönlichen Berater!

Die Beziehungsebene nun soll uns hier den Weg bahnen und uns dem Kunden näher bringen. Der Kunde ist hier zwar noch König, dennoch auch unser gleichberechtigter Partner, d.h. wir können selbstbewusst auftreten und uns, unsere Bank und deren Leistungen herausheben.

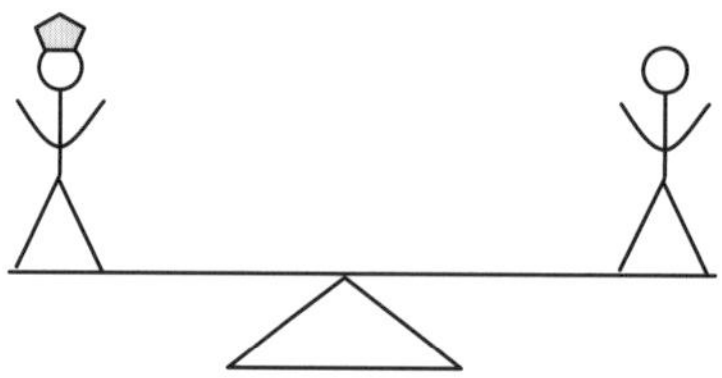

Zu Beginn des Gesprächs schaffen Sie erst einmal Atmosphäre:

Lassen Sie ablegen und bieten Sie Ihrem Kunden ein Getränk an. Stellen Sie sich als persönlicher Berater Ihres Kunden vor und weisen Sie diesen gezielt darauf hin, dass sie partnerschaftlich miteinander umgehen wollen, d.h. jeder der beiden Partner sagt immer und zu jedem Zeitpunkt, was ihm am Herzen liegt.

Besonders gut kommt es beim Kunden an, wenn Sie gleich zu Beginn der Beratung fragen, was ihm in der Beratung besonders wichtig ist! Diese Frage wird dem Kunden so in der Regel nicht gestellt und er ist sicherlich überrascht über Ihr persönliches Interesse. Lassen Sie dem Kunden hier auch die nötige Zeit, sich eine Antwort auf Ihre Frage zu überlegen. Da Sie mit dieser Frage tief in die persönliche Welt des Kunden einsteigen, wird hier die Antwort in der Regel eher auf der persönlichen Ebene gehalten sein, z.B. eine freundliche, kompetente Beratung, fester Ansprechpartner etc. Nur sehr analytisch denkenden Kunden sprechen hier evtl. Konditionen an. Notieren Sie sich die Antwort des Kunden und wenn es in späteren Gesprächen einmal doch um Konditionen gehen sollte, scheuen Sie sich nicht, darauf hinzuweisen, dass ihm Konditionen nicht so wichtig waren.

Probieren Sie es aus, sie schaffen automatisch eine angenehme Atmosphäre und sollte Ihr Kunde doch einmal ungehalten reagieren, dann haben Sie die einmalige Chance für einen Neuanfang. Bedenken Sie, sie können jede Reklamation als Chance nutzen, Ihren Kunden doch noch positiv zu stimmen und für sich zu gewinnen!

2.1.2 Die Kontaktphase

In der Kontaktphase schaffen Sie eine angenehme Gesprächsatmosphäre. Begrüßen Sie den Kunden freundlich, bieten Sie ihm den Platz und gegebenenfalls noch eine Tasse Kaffee an. Leiten Sie das Gespräch mit einem allgemeinen Thema (Wetter, Parkplatz, persönliche Situation, die aus dem Fall erkennbar ist) ein. Achten Sie aber darauf, dass die Kontaktphase nach ca. einer Minute erledigt sein sollte. Leiten Sie mit dem Satz: „Was kann ich für Sie tun, Herr/Frau…" in die Informationsphase über. In der Kontaktphase zeigen Sie den Prüfern schon einmal, dass Sie die nötige Sozialkompetenz haben, um auf die Bedürfnisse des Kunden einzugehen und ihm die „Angst" vor dem Gespräch ein Stück weit zu nehmen.

Beispiel für eine gelungene Kontaktphase:

Sie	Guten Tag, Frau Maier (geben Sie der Kundin die Hand). Nehmen Sie doch bitte Platz (weisen Sie auf den Platz hin).
Kunde	Guten Tag! Danke.
Sie	Ich hoffe, Sie haben gleich einen Parkplatz gefunden.
Kunde	Ja, ich hatte Glück, es ist gerade jemand weggefahren, als ich ankam.
Sie	Das freut mich! Um für Sie in Zukunft noch bequemere Parkmöglichkeiten zu schaffen, wird direkt gegenüber unserer Filiale ein neuer, kostenloser Parkplatz erschlossen.
Kunde	Das ist ja großartig!
Sie	(Lächeln Sie Ihren Kunden an) Ich kann verstehen, dass Sie das freut, schließlich hört man nicht immer nur gute Nachrichten. Nun verraten Sie mir aber bitte, wie ich Ihnen heute weiterhelfen kann, Frau Maier.

Die Kontaktphase kann im Prinzip immer in dieser oder ähnlicher Weise ablaufen. Studieren Sie einfach diesen Part ein und wenden Sie ihn an. Die ersten Handlungskompetenzpunkte sind Ihnen sicher!

2.1.3 Die Informationsphase

Die Informationsphase hat in Ihrer Kundenberatung den wichtigsten Stellenwert. Daher nimmt sie auch den größten Teil der Zeit des Gespräches in Ihrer mündlichen Prüfung ein. Der Zweck dieser Phase besteht vor allem darin, wie der Name schon sagt, Informationen vom Kunden zu bekommen. In der konkreten Situation, die Ihnen im Fall genannt wurde, haben Sie bereits gewisse Informationen erhalten. Diese sollten Sie aber unbedingt um weitere wichtige Details erweitern. In der Regel handelt es sich hierbei um Informationen zu den wirtschaftlichen Verhältnissen sowie den finanziellen Zielen des Kunden. Aus diesen Zielen werden dann konkrete Bedürfnisebenen abgeleitet, die es systematisch zu beraten gilt. Zu den einzelnen Plänen und Zielen, die ein Kunde haben kann, gibt es in den verschiedenen Schwerpunktfächern natürlich unterschiedliche Bedürfnisse, Produkte und Ansätze. Auf diese gehen wir in den jeweiligen Kapiteln noch einmal näher ein.

Für eine überzeugende Informationsphase müssen Sie Ihrem Gegenüber Fragen stellen. Versäumen Sie es auch nicht, sich während der Informationsphase Notizen zu machen. Damit sich der Kunde (wegen Ihren Fragen) nicht ausgefragt fühlt, sollten Sie ihn darauf vorbereiten. Dies können Sie beispielsweise wie folgt tun:

Sie	Um Ihnen ein ideales Angebot unterbreiten zu können, brauche ich noch weitere Informationen. Ich werde Ihnen daher nun einige Fragen stellen und mir Notizen dazu machen. Sind Sie damit einverstanden, Herr/Frau...?
Kunde	Ja, selbstverständlich!

Überlegen Sie sich während der Vorbereitungszeit, welche weiteren Infos Sie noch brauchen, um Ihrem Kunden ein optimales Angebot unterbreiten zu können. Im Idealfall schreiben Sie sich diese Punkte während Ihrer Vorbereitungszeit einfach kurz auf, damit Sie sie später im Gespräch nicht vergessen. Möglicherweise bietet es sich sogar an, gleich entsprechende Fragen zu notieren. Nutzen Sie dabei vor allem offene W-Fragen, die Ihnen in kurzer Zeit viele Informationen bieten. Denken Sie also stets an die Wörter:

- Wer entscheidet mit dem Kunden?
- In welchem Zeitraum plant er?
- Was ist es Ihnen wert?
- Was plant der Kunde?
- Was ist ihm wichtig?

Während der Beratung werden auch Situationen auftreten, in denen der Kunde Ihnen Fragen stellt. Erklären Sie ihm in diesem Fall die Modalitäten und Möglichkeiten und überlassen Sie ihm die Entscheidung.

Wenn Sie denken, alle notwendigen Details gesammelt zu haben, dann wiederholen Sie diese noch einmal kurz und lassen sich das von Ihrem Kunden bestätigen.

Jetzt sollte eigentlich für Ihren Kunden nur noch ein Produkt bzw. eine Möglichkeit offen bleiben, die Sie dann in der Verkaufsphase erläutern können.

2.1.4 Die Verkaufsphase und Cross Selling

Erklären Sie das entsprechende Produkt, dass Sie dem Kunden anbieten möchten. Nennen Sie dabei die kundenspezifischen Vorteile und Preise. Sobald der Kunde zum Abschluss bereit ist, lassen Sie ihn „virtuell unterschreiben". Bestärken Sie ihn in seiner Entscheidung und verabschieden Sie sich freundlich.

Cross Selling:

Die zentrale Frage ist aber, wie Sie Cross-Selling Ansätze beim Kunden erkennen bzw. wie Sie die Aufmerksamkeit des Kunden auf ein weiteres Bedürfnis aufmerksam machen können.

Hilfreich ist in diesem Zusammenhang die Definition von Bedürfnisebenen des Kunden, die Sie im Kundengespräch relativ leicht identifizieren können.

Durch systematische Fragen in diesen Bereichen entdecken Berater auch bei langjährigen Kunden beispielsweise, dass in wenigen Monaten eine Lebensversicherung abläuft, ein Familienvater noch keine Lebensversicherung besitzt oder ein viel beschäftigter Arzt noch keine Zeit gefunden hat, weitere Produkte zur Altersvorsorge abzuschließen. Dadurch werden die Abschluss- und die Cross-Selling-Quote positiv beeinflusst.

Zu den einzelnen Plänen und Zielen, die ein Kunde haben kann, gibt es in den verschiedenen Schwerpunktfächern natürlich unterschiedliche Bedürfnisse, Produkte und Ansätze. Auf diese gehen wir in den jeweiligen Kapiteln noch einmal näher ein.

Während Ihrer Informationsphase haben Sie – mit Hilfe der Bedarfsanalyse - eine Vielzahl von Informationen gesammelt, die Ihnen möglicherweise die Chance bietet, einen Zusatzverkauf zu generieren. Leiten Sie nach der Verkaufsphase des ersten Abschlusses noch einmal kurz in die Informationsphase ein. Durch das Instrument des Cross Selling zeigen Sie den Prüfern noch einmal Persönlichkeits- und Sozialkompetenz. Sie handeln zum einen betriebswirtschaftlich sinnvoll und zum anderen kundenorientiert. Außerdem zeigen Sie, dass Sie argumentieren und überzeugen können. Eine Überleitung könnte wie folgt aussehen:

Sie	Sie sagten vorhin, dass Ihr Geschäftspartner Ihnen morgen noch 100.000 EUR überweisen wird. Was halten Sie davon, wenn wir Ihr Geld kurzfristig und für Sie Gewinn bringend anlegen?
Kunde	Das ist eine tolle Idee. Ja, sehr gerne!
Sie	Um Ihnen ein ideales Angebot unterbreiten zu können, brauche ich noch weitere Informationen. Ich werde Ihnen daher nun einige Fragen stellen und mir Notizen dazu machen. Sind Sie damit einverstanden, Herr/Frau...?

Wenn die Zeit in der Prüfung für einen Zusatzverkauf nicht mehr ausreicht, können Sie auch einfach einen Termin mit Ihrem Kunden vereinbaren.

Worauf Sie achten sollten:

- Stellen Sie eine gemeinsame Beziehungsebene zum Kunden her.
- Achten Sie auf die Einhaltung der KIVCForm
- Verwenden Sie möglichst wenig Fremd- und Fachwörter.
- Vermeiden Sie Formulierungen wie *„dann müssen Sie"*. Der Kunde muss prinzipiell nichts, lieber *„gerade deshalb"*.
- Stellen Sie lieber zu viele statt zu wenige Fragen (absolutes Minimum sind 5 Fragen).
- Benutzen Sie eine bildhafte Sprache („...damit haben Sie schon den halben Mallorcaurlaub bezahlt..." / „...stellen Sie sich vor...").
- Sprechen Sie Ihren Kunden persönlich, mit seinem Namen an. Der Kunde hört nichts lieber als seinen eigenen Namen.
- Vermeiden Sie das Wort „Gebühren". Gebühren zahlen Sie beim Parken. Dieses Wort ist sehr negativ besetzt. Verwenden Sie lieber das Wort „Preise".
- Handeln Sie kundenorientiert! Geben Sie dem Kunden, was am besten zu ihm passt.
- Nutzen Sie Informationen zum Cross-Selling. Denken Sie dabei an die Bedürfnisse!
- Lächeln Sie im Gespräch.
- Nutzen Sie Gestik und Mimik.
- Halten Sie unbedingt Blickkontakt.
- Visualisieren Sie komplizierte Sachverhalte (Zeichnen Sie zum Beispiel einen Topf mit Geld, um Fonds besser erklären zu können). Visualisierungshilfen finden Sie auch kostenlos im Internet unter http://www.bankmensch.de.
- Sprechen Sie laut, wenn Sie etwas ausrechnen.
- Fassen Sie vor der Verkaufsphase noch einmal die wichtigsten Punkte, die Sie sich notiert haben zusammen, damit es keine Missverständnisse gibt.
- Zeigen Sie Ihrem Kunden seine persönlichen Produktvorteile auf.
- Geben Sie Ihrem Kunden Ihre Visitenkarte mit.
- Vereinbaren Sie einen weiteren Termin zum Cross-Selling, falls die Zeit in der Prüfung für einen Zusatzverkauf nicht mehr ausreicht.
- Sollten Sie Preise für Ihre Dienstleistungen einmal nicht nennen können, so ist dies kein Beinbruch. Fragen Sie nach der Telefonnummer Ihres Kunden und bieten Sie ihm an, mit einem Spezialisten Rücksprache zu halten und ihn umgehend zu informieren, wenn Sie Näheres wissen.

Damit Sie sich nun ein besseres Bild von einem möglichen Kundengespräch machen können, haben wir Ihnen auf den folgenden Seiten einmal ein Beispiel angegeben. Daran können Sie noch einmal die Struktur, die Formulierungen und geschickte Überleitungen nachvollziehen.

2.1.5 Mustergespräch für einen Neukunden

Dieses Mustergespräch wirkt vielleicht etwas künstlich, allerdings werden die wesentlichen Punkte dadurch besser ersichtlich.

Kontaktphase:	
Sie	Guten Tag!
Kunde	Guten Tag, ich möchte gerne ein Girokonto eröffnen!
Sie	Gerne, kommen Sie doch bitte mit!
	(beide suchen ein Beratungszimmer auf)
Sie	Nehmen Sie doch bitte Platz. Kann ich Ihnen einen Kaffee oder ein Glas Wasser anbieten?
Kunde	Einen Kaffee, bitte. (Sie besorgen eine Tasse Kaffee)
Sie	Ich möchte mich Ihnen gerne kurz vorstellen: mein Name ist Bernd Berater und ich bin seit sieben Jahren für die ganzheitliche Betreuung unserer Privatkunden zuständig (hier überreichen Sie gleich Ihre Visitenkarte). Sie können mich jederzeit unter dieser Telefonnummer erreichen. Wenn Sie etwas auf dem Herzen haben, können wir auch gerne außerhalb der Öffnungszeiten einen Termin ausmachen. Ich komme auch gerne zu Ihnen nach Hause.
Kunde	Vielen Dank, Herr Berater, mein Name ist Klaus Meier und ich bin vor kurzem beruflich hierher nach A-Stadt gezogen.
Sie	Schön, Herr Meier, dann heiße ich Sie im Namen der EURO-Bank herzlich willkommen! Herr Meier, was kann ich heute für Sie tun? Sie sagten, Sie möchten ein Girokonto eröffnen!
Beziehungsebene:	
Kunde	Genau darum geht es. Es ist mir zu umständlich, wegen jeder Überweisung ständig telefonieren zu müssen und für jede Automatenabhebung zusätzliche Gebühren zu zahlen! Ich hätte meine Bank lieber gleich vor Ort!

Sie	Das verstehe ich, Herr Meier, und ich denke, das ist eine gute Entscheidung! Bevor wir jetzt richtig durchstarten, interessiert mich noch ganz besonders, worauf SIE in der Beratung besonderen Wert legen?
Kunde	Das ist eine gute Frage!? (zögert) –Ich lege besonderen Wert auf persönliche Beratung und aktuelle Infos!
Sie	Klasse, Herr Meier, das notiere ich mir gleich. Um Sie umfassend und optimal beraten zu können, ist es mir sehr wichtig, mit Ihnen über Ihre Pläne und Ziele zu sprechen. Ich möchte Ihnen, für Sie maßgeschneiderte Lösungen anbieten und werde Ihnen daher einige Fragen stellen und mir auch Notizen dazu machen. Ist das okay für Sie?
Kunde	Da bin ich aber mal gespannt, Herr Berater! Sie machen mich ganz neugierig!
Infophase und integrierte Verkaufsphase:	
Sie	Herr Meier, Sie sagten, Sie sind berufsbedingt hergezogen. Was war denn hier der Auslöser?
Kunde	Tja, ich bin bei der Geld-AG als leitender Angestellter im Vertrieb tätig und konnte mir hier in A-Stadt einen Traum verwirklichen, in dem ich hier die Auslandsgeschäfte koordinieren kann.
Sie	Wenn das Ihr Traum war, gehe ich davon aus, dass Sie auch länger bleiben wollen oder zieht es Sie noch ganz ins Ausland? Die Geld-AG hat doch Niederlassungen in der ganzen Welt.
Kunde	Das stimmt, aber ins Ausland möchte ich nicht. Ich bin geschäftlich häufig im Ausland unterwegs und das genügt mir. Wir haben das Ganze auch in der Familie besprochen und uns für A-Stadt entschieden – und bis jetzt war das eine gute Wahl!
Sie	Ach, Ihre ganze Familie ist schon hier! Das war bestimmt schwierig, auf die Schnelle eine Wohnung zu finden!
Kunde	Ganz im Gegenteil! Die Geld-AG hat sich bestens gekümmert und uns eine Firmenwohnung zur Verfügung gestellt. Die ist zwar nicht riesig, aber jetzt haben wir genügend Zeit, uns in Ruhe nach einem kleinen Häuschen im Grünen umzusehen.
Sie	Sie wollen ins Grüne - was haben Sie denn da geplant, Herr Meier?
Kunde	Wir wollen gerne ein kleines EFH kaufen, damit die Kinder mehr Platz haben. Am liebsten wäre es uns wirklich ein bisschen außerhalb.
Sie	Da kann ich Ihnen anbieten, Sie in unsere Kundendatei aufzunehmen. Hier werden unsere Immobilienspezialisten genau nach Ihren Wünschen tätig und suchen für Sie Ihr Traumhaus - im Grünen natürlich!

Kunde	Das wäre Klasse, Herr Berater, denn da ich ja viel unterwegs bin, fehlt mir oft die Zeit und meine Frau hat mit den beiden Kinder genug zu tun!
Sie	Ja, das kenne ich. Meiner Frau geht es genauso. Wie alt sind denn Ihre Kinder?
Kunde	Die große ist fünf und geht in den Kindergarten und der Kleine ist zwei. Aber mit dem Umzug gab es natürlich einige Umstellungsprobleme.
Sie	Natürlich, so ein Umzug ist für alle ein Ausnahmezustand. Aber mit Kindern ist auch sonst immer was los (lachen)!
Kunde	Da haben Sie Recht, aber es macht auch viel Spaß!
Sie	Stimmt genau, Herr Meier. Herr Meier, Sie sagten gerade, dass Sie viel unterwegs sind. Wäre es für Sie da nicht interessant, Ihre Bankgeschäfte bequem von zuhause oder auch unterwegs zu erledigen? Das bringt Ihnen nicht nur Zeit- sondern auch eine enorme Kostenersparnis! Und zusätzlich können Sie noch unsere Kreditkarte nutzen, damit Sie immer und überall flexibel sind. Was halten Sie davon, Herr Meier?
Kunde	Das hört sich gut an – wo ist der Haken? (lacht)
Sie	(lachen auch) Den habe ich bisher noch nicht gefunden. Es ist zu befürchten, dass es keinen gibt. Falls doch, werden Sie mich doch auf jeden Fall unterrichten?
Kunde	Ja, klar!
Cross-Selling:	
Sie	Herr Meier, Sie sagten, Ihre Bankverbindung ist noch in B-Stadt. Sind Sie dort auch Kunde der EURO-Bank?
Kunde	Nein, in B-Stadt bin ich Kunde der Dollar-Bank, aber Sie sind mir hier als sehr kompetent empfohlen worden und deswegen bin ich heute auch hier.
Sie	Das freut mich und Sie werden diesen Schritt auch nicht bereuen, Herr Meier! Sind dann außer dem Girokonto noch Guthaben, Depots oder Darlehen in B-Stadt vorhanden und wollen Sie diese nicht auch zu uns verlegen?
Kunde	Ja, da gibt es noch einiges und die Idee ist mir auch schon gekommen.
Sie	Herr Meier, dann schlage ich vor, dass wir Ihr neues Konto heute gleich anlegen, damit Sie gleich starten können.
Kunde	Prima, und die anderen Kontoangelegenheiten regeln wir dann nächste Woche und da komme ich gleich auf Ihr Angebot zurück und Sie kommen zu uns!

Sie	Das mache ich gerne, Herr Meier, dann lerne ich auch gleich Ihre ganze Familie kennen und Sie haben alle Unterlagen griffbereit. Herr Weiss, unser Immobilienspezialist, wird in den nächsten Tagen auch auf Sie zu kommen, damit wir auch Ihrem Traumhaus einen Schritt näher kommen!
Kunde	Das hatte ich ja ganz vergessen, aber Sie denken Gott sei Dank an alles!
Sie	So, Herr Meier, dann bitte ich Sie, hier zu unterschreiben.
Kunde	Gerne.
Sie	Herr Meier, wann passt es bei Ihnen nächste Woche am besten – Dienstag oder Donnerstag nach 18.00 Uhr?
Kunde	Donnerstag wäre klasse, da bin ich auf jeden Fall zu Hause!
Sie	Gut, dann halten wir das gleich fest (Sie notieren den Termin zusätzlich auf einem Terminkärtchen und geben es dem Kunden mit). Vielen Dank, Herr Meier, schön dass Sie sich die Zeit genommen haben, gerade das erste Gespräch ist doch das wichtigste!
Kunde	Das stimmt allerdings und alle weiteren sind umso effektiver.
Sie	Na, Herr Meier, hat Ihnen die Beratung gefallen? Dann empfehlen Sie mich weiter!
Kunde	Das werde ich auf jeden Fall tun! Auf Wiedersehen, Herr Berater.
Sie	Auf Wiedersehen, Herr Meier. Bis nächsten Donnerstag, 18. 00 Uhr – ich freue mich!

2.2 Die ideale Präsentation

In Ihrer Präsentation ist es sehr wichtig, einen kompetenten Eindruck bei den Prüfern zu hinterlassen. Es geht in dieser Prüfungssituation darum, einen oftmals stark fachlich geprägten Zusammenhang in Form einer Präsentation leicht verständlich und interessant darzustellen.

In der Regel werden Ihnen, für den Fall, dass Sie sich für diese Form der mündlichen Prüfung entscheiden, folgende Medien zur Verfügung stehen:

- Tageslichtprojektor mit Folien
- Flipchart
- Pinwand mit Karten

Sie sollten allerdings, was die Medien angeht, kein Risiko eingehen. Fragen Sie vor oder zu Beginn Ihrer Vorbereitungszeit nach, welche Medien eingesetzt werden können. Eine Beamerpräsentation wird sich kaum anbieten, da Sie nicht genügend Zeit haben werden, die entsprechenden Folien vorzubereiten.

2.2.1 Der Medieneinsatz

Eine wichtige Frage ist, welche Medien Sie einsetzen sollten. Damit ihr Vortrag abwechslungsreich wirkt, sollten Sie mit mindestens zwei Medien arbeiten. Welche Sie dabei aussuchen, kommt immer ganz darauf an, was Sie darstellen möchten. Jedes der Mittel hat gewisse Vor- und Nachteile, (was die Eignung für bestimmte Inhalte angeht,) die es zu bedenken gilt. Im Folgenden haben wir Ihnen die für Ihre mündliche Prüfung wichtigsten Punkte kurz notiert.

Eignung der Medien:

Kriterium	Projektor	Flipchart	Pinwand
Teilnehmer einbeziehen	3	2	1
Dauerhafte Visualisierung	3	1	1
Schneller Wechsel der Darstellung	1	2	3
Aussagen entwickeln	2	1	1
Zeitaufwand zur Vorbereitung	1	1	2
Leichte Korrigierbarkeit	2	3	3

1 = gut geeignet 2 = geeignet 3 = mäßig geeignet

Da Sie in Ihrer mündlichen Prüfung vor allem mit dem Problem der knappen Vorbereitungszeit kämpfen werden, bringt die Pinwand mit Karten unter Umständen Nachteile mit sich. Auf die Pinwand mit Karten sollten Sie zurückgreifen, wenn Sie ein souveränes Auftreten haben und zu Beginn der Vorbereitungszeit bereits genau wissen, welches Medium Sie wie einsetzen.

Ein Vorgehen für jedermann:

Eine Möglichkeit des Umgangs mit den Medien, das Sie vor keine größeren Probleme stellen sollte, könnte wie folgt aussehen:

- Flipchart mit „Fahrplan“
- Präsentation mit Folien

Sie gestalten einen Flip, auf dem Sie grob die Punkte angeben, die Sie in Ihrer Präsentation beleuchten werden. Dieser Flip kann dann zu Beginn vorgestellt werden und bleibt einfach auf dem Chart hängen. Das hat zwei Vorteile:

- Sie vollziehen zwangsweise einen Medienwechsel ohne Nervosität zu schüren („...Hilfe, es klappt nicht...“).
- Der Fahrplan ist für die Zuhörer jederzeit sichtbar und es ist für die Zuhörer leichter, Ihren Ausführungen zu folgen.

Die übrigen Inhalte Ihrer Präsentation können Sie dann in Form von Folien vortragen, die Sie nacheinander auflegen.

Im Idealfall sollten Sie den Kernpunkt Ihrer Präsentation im Beisein der Prüfer entwickeln. Das heißt, dass Sie Ihre Gedanken nennen und dann zu Papier bringen. Besonders gut würde sich hierzu die Pinwand anbieten (insofern Papier aufgespannt ist), da die erarbeiteten Inhalte für die gesamte Dauer Ihrer weiteren Ausführungen präsent sind. Wenn Sie aber in Ihrer Prüfung zu Aufregung neigen, sollten Sie lieber am Projektor die Gedanken entwickeln oder sogar schon vorbereitet auflegen, da die Pinwand bzw. das Entwickeln jeweils einen Nachteil haben:

- Die Pinwand könnte umfallen, wenn Sie darauf schreiben.

  Tipp: Immer den Fuß auf die „Beine" der Pinwand stellen beim Schreiben.
- Sie könnten beim Entwickeln des Kerns Punkte vergessen und aus dem Konzept geraten.

Einige Punkte, die es beim Medieneinsatz immer zu berücksichtigen gilt, sind:

Beim Medieneinsatz berücksichtigen:

- Deutlich und groß schreiben!
- Visualisierung in Form von Bildern ist immer besser als reiner Text! Anregungen für Visualisierungen finden Sie auch in unserem kostenlosen Onlineservice unter http://www.bankmensch.de
- Nach Möglichkeit mindestens zwei Medien zum Einsatz bringen!
- Wenn möglich Kernpunkt der Präsentation im Beisein der Prüfer entwickeln!
- Wichtige Inhalte der Präsentation möglichst für die gesamte Dauer des Vortrages sichtbar aufstellen!
- Nicht zu viele Farben verwenden!

2.2.2 Sprache und Erscheinung

Neben dem Umgang mit Ihren Medien ist vor allem Ihre Sprache und Ihr Erscheinungsbild für eine gute Note im Bereich Handlungskompetenz verantwortlich.

Es ist bei Leibe nicht notwendig als Vollblutrhetoriker oder Showmaster aufzutreten. Versuchen Sie einfach, natürlich zu wirken und beachten Sie einige Grundregeln.

Grundregeln der Erscheinung bei Vorträgen:

- Gepflegtes Äußeres
- Kleidung etwas gehobener als die der Zuhörer
- Aufrechte Haltung
- Blickkontakt mit jedem der Zuhörer halten
- Beine etwa schulterbreit auseinander stellen
- Leichte Bewegungen (Ab und an einen Schritt vor oder zurück)
- Niemals die zu präsentierenden Medien mit dem Körper verdecken
- Hände beim Reden etwa in Hüfthöhe mit der Handfläche nach oben
- Gestik der Hände passend zum gesprochenen Text
  Beispiele:
  Sprache: „...erstens, ...zweitens, ...drittens..."
  Hände: jeweils bei Nennung an den Fingern abzählen
  Sprache: „...zum einen..., ...zum anderen..."
  Hände: leicht nach links, dann nach rechts schwingen
  Sprache: „...das Gesamte Spektrum der..."
  Hände: beide Hände zeichnen zusammen einen Kreis vor dem Körper
- Freundliche Gesichtszüge aber nicht übertrieben lachen

Neben Ihrer äußeren Erscheinung, Gestik und Mimik stellt natürlich die Sprache an sich eine wichtige Komponente dar. Damit die Zuhörer Ihrem Redefluss angenehm folgen können, heißt die wichtigste Regel überhaupt:

Langsam und deutlich sprechen!

Zwingen Sie sich dazu, langsam zu sprechen. Sie wirken ruhiger und haben auch mehr Zeit, Ihre Worte und Sätze besser zu strukturieren. Zwingen Sie sich, Pausen zu machen. Am besten an jedem Satzende ganz bewusst die Stimme senken und eine kurze Pause einlegen. Bei überhasteter, schneller Sprache ohne Pausen, kann es Ihnen leicht passieren, dass Sie in Atemnot kommen. Dies fördert Ihre Nervosität und macht Sie unsicher. Wie zwingen Sie sich aber zur Pause und zum langsamen Reden? Die folgenden Punkte sollen Ihnen helfen, nicht zu schnell durch Ihren Vortrag zu „rasen":

- Nutzen Sie mehrere Medien. Auf dem Weg von einem Visualisierungsmittel zum anderen reden Sie nicht!
- Legen Sie Ihre Folien nicht direkt neben den Projektor. Ein langsamer Schritt vor, um die nächste Folie zu greifen und zurück, um sie aufzulegen, bringt Pausen in Ihren Vortrag!
- Schreiben Sie sich ein Blatt, dass Sie von Ihrem Standort sehen können, auf dem Fett geschrieben steht:
- „PAUSEN"
- „LANGSAM REDEN"

- Nutzen Sie rhetorische Stilmittel, um bewusst Pausen zu schaffen und den Vortrag spannender zu gestalten.

Aber nicht die Pausen und das langsame Sprechen alleine machen Ihren Vortrag interessant. Achten Sie auch darauf, dass Sie frei reden. Ein dauerndes Ablesen von einem Stück Papier wirkt äußerst unsicher, unprofessionell und langweilig. Ebenso wichtig sind die Lautstärke und die Stimmhöhe, in der Sie sprechen. Variieren Sie in der Lautstärke Ihrer Sprache, indem Sie wichtige Punkte oder Wörter lauter aussprechen als andere. Senken Sie am Satzende Ihre Stimme ab.

Was die rhetorischen Stilmittel anbelangt, so brauchen Sie nicht noch einen speziellen Rhetorikkurs zu belegen. Aus der Vielzahl der Stilmittel sollte das kleine 1 x 1 voll und ganz genügen. Versuchen Sie einfach, jedes der Stilmittel ein bis zwei Mal während Ihrer Prüfung zu verwenden und Ihr Vortrag wird sich bereits von denen der breiten Masse abheben.

Kleines 1 x 1 rhetorischer Stilmittel:

- Wiederholung (Sie wiederholen wörtlich „...niemand, aber auch wirklich niemand hat das Recht..."
- Bild/Metapher (Sie verwenden eine bildhafte Sprache „...da blutet mir das Herz..."
- Vergleich (Wenn Sie große Zahlen verwenden, vergleichen Sie mit einer gängigeren Größe „...zwanzigtausend Konten, das entspricht der Hälfte all unserer Geschäftskonten...")
- Steigerung (Sie steigern einen Sachverhalt „...das wäre bereits gut,... wäre aber um einiges besser, ... wäre aber sicher die beste Möglichkeit.)
- Ankündigung/Vorausschau (Sie erwecken Interesse durch Verweis auf eine kommende Erklärung „...werde ich Ihnen gleich noch näher erläutern...")
- Rhetorische Frage (Sie stellen eine Frage ins Plenum, auf die Sie keine Antwort erwarten, machen eine Pause und geben dann selbst die Antwort „...was glauben Sie wie viel EUR wir dadurch mehr verdienen könnten?")

Beachten Sie aber stets, dass die rhetorischen Stilmittel immer von der Betonung, Lautstärke und Geschwindigkeit Ihrer Sprache leben. In unserem kostenlosen Onlineservice unter http://www.bankmensch.de steht Ihnen auch ein akustisches Redebeispiel zur Verfügung.

Bis hierher haben Sie sich 40 Prozent der Punkte schon gesichert. Daher wird es jetzt Zeit auch noch die übrigen 60 Prozent zu schnappen. Die weiteren Kapitel sind den jeweiligen Wahlpflichtfächern gewidmet. Sollten gewisse Punkte auch in einer der anderen Disziplinen auftauchen, verweisen wir auf die entsprechenden Stellen. Außerdem kann es hilfreich sein, die fachthemenübergreifenden Fragen auch in den beiden anderen Wahlpflichtfächern durchzuarbeiten.

PRIVATKUNDENGESCHÄFT

3. Pläne und Ziele eines Privatkunden

Wie bereits in der Einleitung beschrieben, hat jeder Kunde in den jeweiligen Segmenten andere Prioritäten und somit auch andere Bedürfnisse. Bevor Sie mit den eigentlichen Prüfungsfällen konfrontiert werden, sind daher zunächst die Pläne und Ziele im Privatkundengeschäft zu konkretisieren.

Bedürfnisebene Absicherung, Vorsorge:

Hier geht es beim Privatkunden vor allem um die Altersvorsorge: betriebliche Rente, staatliche Rente sowie Privatrente. Zusätzlich gehört in diesen Bereich auch jede Art der Absicherung, sei es Kapital, Vermögen, Leben, Immobilie etc. Nicht vergessen dürfen wir hier auch die private Vorsorge im Bereich der Kranken- und Krankenzusatzversicherung als auch die Vorsorge für die Familie. Denken Sie hier auch an Ehegatten und Kinder.

Lösungsansätze für die Bedürfnisebene Absicherung, Vorsorge

- *Lebensversicherung*
- *Rentenversicherung*
- *Unfallversicherung*
- *Wohngebäudeversicherung*

Bedürfnisebene Sparen, Anlegen:

Dieser Bedürfnisebene sind tatsächlich alle Vermögensanlagen, welche ein Privatkunde haben kann, zuzurechnen. Denken Sie hier auch an das *magische Dreieck im Bereich der Anlagen:*

- Wenn Ihr Kunde einen hohen Ertrag wünscht, muss er eine Anlage mit langer Laufzeit bzw. mit einem höheren Risiko wählen.
  - Ist Ihr Kunde sehr sicherheitsbewusst, wird sein Ertrag i.d.R. nicht so hoch sein, es sei denn er wählt eine längere Laufzeit.
  - Ist Ihrem Kunden die tägliche Verfügbarkeit wichtig, hat er weniger Erträge, es sei denn, er wählt eine risikobehaftete Anlage.

Auch in diesem Bereich ist die steuerliche Seite sehr wichtig und sollte auf jeden Fall in die Beratung mit einbezogen werden. Das Gleiche gilt für den Stichpunkt Erben und Vererben.

Lösungsansätze für die Bedürfnisebene Sparen, Anlegen

- *Sparvertrag*
- *Renten*
- *Aktien*
- *Fonds*

Bedürfnisebene Immobilie, Eigenheim:

In diesem Punkt geht es rund um das Thema Immobilie: Kaufen oder Bauen, Eigen- oder Fremdnutzung der Immobilie. Nicht zu vergessen ist hier auch die Finanzierung einer Immobilie, die wir speziell im Fachgebiet „Immobiliengeschäft" beleuchten wollen. Zusätzlich kann diese Bedürfnisebene auch jede Art der Renovierungsvorsorge beinhalten. Vergessen Sie auch hier den steuerlichen Aspekt nicht, um den Kunden ganzheitlich zu beraten. Zum Thema Immobilie gehören hier nicht nur die eigene Investition sondern auch alle Bereiche des Mietens bzw. Vermietens, die wir auch gesondert im Fachgebiet „Immobiliengeschäft" angehen werden.

Lösungsansätze für die Bedürfnisebene Eigenheim, Immobilie

- *Bausparen*
- *Mietkaution*

Bedürfnisebene Freizeit:

Die Bedürfnisebene Freizeit ist in der heutigen Zeit und gerade bei unseren jungen Kunden sehr ausgeprägt. Gerade diese Kundengruppe legt besonderen Wert auf Lifestyle: Wohnen, Auto oder Hobby.

Lösungsansätze für die Bedürfnisebene Freizeit

- *Auslandskrankenversicherung*
- *Konsumentenkredite*

Bedürfnisebene Steuern, staatliche Förderung:

Sämtliche Steuersparmodelle spielen in diesen Punkt ebenso eine Rolle, wie der Sparerfreibetrag und der persönliche Steuersatz des Kunden. Denken Sie auch an die Versteuerung privater Veräußerungsgeschäfte sowie Erbschafts- und Schenkungssteuer.

Lösungsansätze für die Bedürfnisebene Steuern, staatliche Förderung

- *Riester-Verträge*
- *geschlossene Immobilienfonds*

Bedürfnisebene Geldverkehr:

Diese Bedürfnisebene beinhaltet jegliche Art des Kontoservices, wie Daueraufträge, Überweisungen etc. Außerdem findet in diesem Bereich auch das Auslandsgeschäft sowie das Onlinebanking seinen Platz.

Lösungsansätze für die Bedürfnisebene Geldverkehr

- *Onlinebanking*
- *Kreditkarten*
- *Spezielle Kontomodelle*

In jedem Prüfungsfall ist zumindest eine Bedürfnisebene durch den Fall selbst vorgegeben. Wichtig ist es, zu erkennen, welche weiteren Ebenen mit der vorgegebenen Ebene verwandt sind, um weitere Cross-Selling-Potenziale zu nutzen.

In den folgenden Prüfungsfällen wird Ihnen zur Cross-Selling-Unterstützung immer die folgende Tabelle als Hilfe zur Verfügung gestellt. Dabei ist die obere Ebene immer die Ausgangsebene, die durch den Fall vorgegeben wird. Darunter finden Sie zwei verwandte Ebenen, die in der Informationsphase relativ leicht vernetzt werden können. Unter der jeweiligen verwandten Ebene finden Sie zusätzlich noch einen Formulierungsvorschlag, um die entsprechende Vernetzung herzustellen.

Für den Fall, dass der Prüfer ihren ersten Ansatz verwerfen sollte, haben Sie immer noch eine Ausweichmöglichkeit, um den Zusatzverkauf zu platzieren. Auf mehr als zwei verwandte Ebenen sollten Sie aus Zeitgründen in Ihrer Prüfung nicht eingehen.

Durch den Fall vorgegebene Ebene

- W-Frage 1, die sich aus dem konkreten Fall bereits ergibt.
- W-Frage 2, die sich aus dem konkreten Fall bereits ergibt.
- …

➢ Verwandte Ebene 1

- W-Frage bzw. Formulierung, die einen Zusatzverkauf ermöglichen kann.

➢ Verwandte Ebene 2

- W-Frage bzw. Formulierung, die einen Zusatzverkauf ermöglichen kann.

4. Prüfungsfälle Privatkundengeschäft

Diejenigen unter Ihnen, die als Wahlpflichtfach das Privatkundengeschäft gewählt haben, werden nun mit möglichen Prüfungsfällen konfrontiert. In Fällen, in denen auch Parallelen zu anderen Disziplinen bestehen, weisen wir Sie jeweils besonders darauf hin.

4.1 Staatliche Förderung

Situation

Ihr Kunde Klaus Klein ist 28 Jahre alt. Er hat vor zwei Jahren sein Studium beendet und ist seitdem bei einem großen Chemiekonzern der Region beschäftigt.

Herr Klein verfügt seit Berufsbeginn über ein sozialversicherungspflichtiges Einkommen in Höhe von 50 TEUR pro Jahr. Darüber hinaus wird Herr Klein nächstes Jahr seine langjährige Freundin Melanie Meister heiraten. Frau Meister ist Studentin und hat kein eigenes Einkommen. Klaus Klein hat bisher nur ein Girokonto bei Ihnen, auf dem sein Gehaltseingang zu verzeichnen ist. Jetzt interessiert er sich für die staatliche Förderung und bittet um einen Termin.

Orientierungshinweise

Aspekte des Privatkundengeschäfts:

- Beraten Sie Herrn Klein über die Möglichkeiten der „Riester-Rente“. Beachten Sie hier auch die Ausgestaltung der Förderung vor und nach der Eheschließung.
- Denken Sie an Cross-Selling-Möglichkeiten.

Informationsphase

Steuern, Staatliche Förderung

- Inwieweit sind Sie schon über die staatlichen Fördermöglichkeiten informiert?
- Was ist Ihnen wichtig und in welchen Bereichen setzen Sie Ihre Prioritäten?
- Was ist Ihnen die Verwirklichung Ihrer Wünsche und Ziele monatlich wert?
- Sind Sie eher risikobewusst oder spekulativ?

Geldverkehr	Absicherung, Vorsorge
Inwieweit nutzen Sie schon...?	Wie wollen Sie Ihre junge Familie absichern?

Lösungsansätze Privatkundengeschäft

Beraten Sie Herrn Klein über die Möglichkeiten der „Riester-Rente" nach § 10a des Einkommensteuergesetzes.

Wie hoch ist die Förderung und welches sind die Voraussetzungen?

Der Staat fördert unter gewissen Voraussetzungen die zusätzliche private Vorsorge auf zwei Wegen: Zum einen durch die Gewährung von Zulagen, zum anderen durch eine zusätzliche Steuerersparnis im Rahmen des Sonderausgabenabzuges. Die Zulagen setzen sich zusammen aus einer Grundzulage und darüber hinaus aus einer Kinderzulage für jedes Kind, für das ein Kindergeldanspruch besteht. Die Förderung hängt vom individuellen Einkommen, der Familiensituation und den geleisteten Beiträgen ab.

Maximale Zulage p.a.		
Jahr	**Grundzulage**	**Kinderzulage**
Ab 2008	154 EUR	185 EUR p. Kind, 300 EUR p. Kind ab 2008 geboren
Voraussetzung zur Erlangung der max. Zulagen ist ein Sparbeitrag von mind. 4% des sozialversicherungspflichtigen Vorjahreseinkommens. Grund- und Kinderzulage werden gekürzt, wenn geringere Eigenbeiträge geleistet werden.		

Daneben gibt es auch die Möglichkeit, Beiträge und Zulagen in der persönlichen Einkommensteuererklärung als Sonderausgaben geltend zu machen. Ist hier der Sonderausgabenabzug günstiger als die gewährte Zulage, kommt ein zusätzlicher Steuervorteil zum tragen. Maximal gefördert werden hier folgende Aufwendungen:

Die steuerlich geförderten Höchstgrenzen p.a.*	
Ab 2008	2.100 EUR
* Max. Betrag (inklusive Zulagen), der steuerlich gefördert wird.	

Wer wird gefördert?

Jeder, der in der gesetzlichen Rentenversicherung pflichtversichert ist, hat einen Anspruch auf die staatliche Förderleistung.

<u>Förderfähig und zulagenberechtigt sind:</u>

- Arbeitnehmer
- Arbeitnehmer im öffentlichen Dienst
- Behinderte in Werkstätten
- Versicherte während einer anzurechnenden Kindererziehungszeit
- Pflegepersonen
- Wehr- und Zivildienstleistende
- Geringfügig Beschäftigte, die auf die Versicherungsfreiheit verzichtet haben
- Bezieher von Lohnersatzleistungen wie Arbeitslosen- oder Krankengeld
- Arbeitslosenhilfeberechtigte

- Versicherungspflichtige Selbständige
- Beamte
- Richter
- Soldaten

bedingt zulagenberechtigt sind:

- Ehepartner, wenn der andere Ehepartner zum zulagenberechtigten Personenkreis gehört.

Nicht zulagenberechtigt sind:

- Selbstständige, die eine eigene private Altersvorsorge haben
- Freiwillig Versicherte
- Geringfügig Beschäftigte
- Pflichtversicherte in berufsständischen Versorgungseinrichtungen

Für Herrn Klein bedeutet dies ab 2008 bei einer Berechnung als Single:

Rentenversicherungspflichtiges Einkommen in EUR	Grundzulage in EUR	Kinderzulage in EUR	Eigenbeitrag in EUR	Sparleistung insgesamt in EUR	Zusätzliche Steuerersparnis in EUR	Förderanteil an der Sparleistung in %
50.000	154	--	1.846	2.000	672	41
Werte jeweils gerechnet auf die Förderung ab 2008, 4% des sozialversicherungspflichtigen Vorjahreseinkommens, höchstens 2.100 EUR.						

Die Auszahlphase:

Der Auszahlzeitpunkt kann zwischen dem vollendeten 60. und 65. Lebensjahr gewählt werden. Die Auszahlung erfolgt mittels eines Auszahlplanes. Es ist einmalig möglich, zu Beginn der Auszahlphase über bis zu 30% des zur Verfügung stehenden Kapitals zu verfügen. Sollte die errechnete Rente unter derzeit 24,15 EUR liegen, wird der Vertrag als Einmalbetrag ausgezahlt.

Besonderheiten:

Hartz-IV-Sicherheit.

Im Falle einer Arbeitslosigkeit, ist das geförderte Kapital in einem Riester-Vertrag vor dem Zugriff des Staates geschützt und wird nicht auf die Freibeträge angerechnet.

Flexibilität:

- Der Anleger kann selbst entscheiden, wann und wieviel er für seine private Altersvorsorge sparen möchte.
- Ein Ruhen des Vertrages ist jederzeit möglich.
- Der Wechsel zu einem anderen Anbieter ist jederzeit unter Einhaltung einer Kündigungsfrist möglich (evtl. entstehen Kosten).

Vorzeitige Rückzahlung:

- Bei anderer als im Gesetz vorgeschriebener Verwendung (zulagenschädliche Verwendung)müssen die auf das ausgezahlte Vermögen entfallenen Zulagen bzw. die darüber hinaus gehenden Steuerermäßigungen vom Anleger zurück- gezahlt werden.

Anlageempfehlung:

1. Neuabschluss eines Riester-Fondssparplanes. Hier ist es aus steuerlichen Gesichtspunkten sicherlich sinnvoll, nicht nur den Mindestbeitrag einzuzahlen, sondern auf die maximal steuerbegünstigten 2.100 EUR aufzustocken. Den im Folgejahr ausgezahlten zusätzlichen Steuervorteil kann Herr Klein für Anschaffungen verwenden oder wieder auf seinen Riester-Vertrag einzahlen. Der Vorteil des Riester-Vertrages liegt in seiner Flexibilität, d.h. Herr Klein kann die maximale Steuerförderung ausschöpfen, muss aber nicht. Sollte er in einem Jahr weniger als die Mindestansparrate einzahlen, erhält er seinen Fördersatz anteilig auf die eingezahlten Beiträge. Das ganze ist zusätzlich noch Hartz IV-sicher, d.h. egal was passiert, der Riester-Vertrag kann nicht von Dritten angetastet werden. Der Fondsvertrag ist aufgrund der hohen Flexibilität wohl die interessanteste Alternative, da Herr Klein hier von hohen Renditechancen über die gesamte (lange) Laufzeit profitieren kann.
2. Nach der Heirat ist auch der Abschluss eines Riester-Vertrages für Frau Meister sinnvoll. Frau Meister ist über ihren Mann bedingt zulagenberechtigt und kann sich hier mit sehr kleinen Beiträgen von nur 60 EUR p.a. selber eine Altersversorgung aufbauen. Die Zulage in Höhe von 154 EUR erhält sie natürlich zusätzlich. Da Frau Meister während ihres Studiums kein eigenes Einkommen hat und über Herrn Klein bedingt zulagenberechtigt ist, kann sie die zusätzlichen Steuervorteile über die Zahlung des max. Förderhöchstbetrages leider nicht ausschöpfen. Nach Beendigung ihres Studiums und bei eigenem Gehaltseingang sieht die Sache dann ganz anders aus: Frau Meister kann hier die gesamten Steuervorteile selbst ausnützen. Bei einem Ehegattenvertrag (für

einen bedingt zulagenberechtigten Ehegatten) bietet sich (falls im eigenen KI möglich) der Abschluss eines hauseigenen Produktes an, da hier in der Regel geringere oder keine Gebühren anfallen.

Mit welchen Fragen Sie noch rechnen müssen

- Kursrisiken bei der gewählten Fondsanlage
- Allgemeines zu den Rückzahlungsmodalitäten bei Riester-Verträgen
- Laufzeit der Anlage bzw. gesetzlich vorgeschriebene Festlegungsdauer
- Was versteht man unter der „Günstigerprüfung"?
- Vererbbarkeit des angesparten Vermögens
- Kann der Anleger sein Rentenalter im Ausland verbringen? Wirkt sich dies auf den Riester-Vertrag aus?
- Welche weiteren Möglichkeiten des „Riester-Sparens" gibt es noch?

Spezielle verkäuferische Aspekte

- Vergessen Sie gerade bei diesem Gespräch Ihre Visitenkarte nicht und setzen Sie diese gezielt ein! Hier ist es geschickt, die Visitenkarte nicht am Ende des Gesprächs heraus zu geben, sondern gleich zu Beginn, wenn Sie sich dem Kunden als sein persönlicher Berater vorstellen. Zu diesem Zeitpunkt hat der Kunde die Möglichkeit, sich Ihre Visitenkarte genau anzuschauen und glauben Sie uns, er wird es tun!
- Eine Herausgabe am Ende des Gesprächs wirkt eher wie eine kleine Zugabe, und die Wirkung ist bei weitem nicht so effektiv (gerade bei einem Neukunden bzw. Ihnen noch unbekannten Kunden).
- Betreiben Sie am Ende eines Kundengespräches Werbung in eigener Sache und fragen Sie Ihren Kunden, wie ihm die Beratung gefallen hat. Fordern Sie ihn doch einfach auf, Sie weiter zu empfehlen.

  Beispiel:

  „Hat Ihnen die Beratung gefallen? Empfehlen Sie mich weiter!"
- Reduzieren Sie ihren eigenen Redeanteil und stellen Sie gezielt offene Fragen, um hier den Kunden konkret in das Gespräch mit einzubeziehen und es nicht wie ein Verhör aussehen zu lassen.

  Was haben Sie hier schon getan...? Was haben Sie geplant?
- Halten Sie Prospekte und Visualisierungshilfen bereit(einige stehen Ihnen hier im Online-Service zu diesem Buch zur Verfügung), um Wertentwicklungen, Förderbeträge oder Einkommensgrenzen anschaulich darzustellen. Geben Sie diese dem Kunden soweit möglich auch mit nach Hause, damit er auch später noch genau informiert ist.

- Gerade bei Neukunden ist es wichtig, einen kompetenten Eindruck zu hinterlassen. Besprechen Sie mit Ihrem Kunden seinen persönlichen Betreuungsplan und treffen Sie, soweit möglich, schon klare Abmachungen über neue Treffen. Zumindest einen Folgetermin sollten Sie fix ausmachen. In unserem vorliegenden Fall ist es sicherlich sehr wichtig, den Folgetermin zusammen mit Frau Meister auszumachen, um hier noch einmal die gemeinsamen Wünsche und Pläne der Eheleute abzuchecken.

Cross-Selling Ansätze

Produkte zum Bedürfnis Absicherung, Vorsorge:

- Neuabschluss einer Lebens- oder Rentenversicherung zur Absicherung der Familie bzw. des Lebensstandards im Alter (evtl. Direktversicherung)
- Hausratversicherung (gemeinsame Wohnung)
- Check-Up im Bereich der Unfall- oder auch Krankenzusatzversicherung

Produkte zum Bedürfnis Geldverkehr:

- Kreditkarte (höhere Flexibilität im Alltag und vor allem auch im Urlaub oder auf Geschäftsreisen).

4.2 Rendite und Risiko ausgewählter Anlageformen

Situation

Ihr Kunde Bernd Baum ist 50 Jahre alt, verheiratet und Angestellter in einem mittelständischen Betrieb.

Herr Baum betrachtet sich die aktuelle Zinslandschaft und überlegt, welche der nachfolgenden Euro-Anleihen für ihn in Frage kommt:

Gattung	Emittent	Laufzeit	Zinssatz	Zinsanpassung	Rating	Kaufkurs	Kurs aktuell
Bundesanleihe		10 J.	4,25	./.	AAA	100,0	100,0
Türkei anleihe		4 J.	8%	./.		100,2	86,0
Unternehmensanleihe	Siemens	9 J.	7,25	./.	BBB	100,2	109,8

Orientierungshinweise

Aspekte des Privatkundengeschäfts

1. Zeigen Sie Herrn Baum die wesentlichen Kennzeichen der Anleihen auf und grenzen Sie die Anleihen voneinander ab (Chancen/Risiken). Welchem Anlegertyp würden Sie diese Anleihen grob zuordnen?

   A. konservativ, B. risikobewusst, C. chancenorientiert
2. Herr Baum möchte in Unternehmensanleihen investieren. Wie kann er das Risiko minimieren?
3. Wie wirkt der Zinsmechanismus auf die Kurse der Anleihen? Gibt es weitere Einflüsse?
4. Erklären Sie Herrn Baum den Begriff „Rating“:

Informationsphase

Sparen, Anlegen

- Brauchen Sie das Geld zu einem bestimmten Zeitpunkt wieder?
- In welcher Höhe wollen Sie je Anleihe investieren?
- Wie lange möchten Sie Ihr Geld für sich arbeiten lassen?
- Sind Sie eher risikobewusst oder chancenorientiert?
- Inwieweit möchten Sie Ihr Risiko minimieren?

Steuern, staatl. Förderung	Vorsorge
Wie sieht es steuerlich bei Ihnen aus? Was sollen wir hier berücksichtigen?	Inwieweit ist diese Geldanlage auch als Altersvorsorge gedacht? Wann haben Sie Ihren Ausstieg aus dem Berufsleben geplant?

Lösungsansätze Privatkundengeschäft

1. **Zeigen Sie Herrn Baum die wesentlichen Kennzeichen der Anleihen auf und grenzen Sie die Anleihen voneinander ab (Chancen/Risiken). Welchem Anlegertyp würden Sie diese Anleihen grob zuordnen?**

   A. konservativ, B. risikobewusst, C. chancenorientiert

a) **Bundesanleihe:**

Zinsänderungsrisiko

Der Zinssatz ist für die gesamte Laufzeit fest, d.h. sollten sich die Zinsen während der Laufzeit nach unten bewegen, ist Herr Baum auf jeden Fall auf der sicheren Seite. Sollte er vorzeitig über sein Geld verfügen wollen, kann er auf Grund der gefallenen Zinsen wahrscheinlich noch einen Kursgewinn mitnehmen. Umgekehrt ist Herr Baum auch an den Zinssatz gebunden, sollten die Zinsen wider Erwarten steigen. Hier muss er bei vorzeitiger Verfügung mit Kursverlusten rechnen. Die Auszahlung am Ende der Laufzeit erfolgt immer zu 100,0 %. Auf Grund des guten Ratings des Bundes kann er auch mit einer Endauszahlung rechnen.

- Konservativ, risikobewusst

b) Türkei/Länderanleihe:

politisches Risiko, Länderrisiko

Bei einer sog. Länderanleihe sollte der Kunde auf jeden Fall auch das politische Umfeld des Landes berücksichtigen. Gerade politisch oder wirtschaftlich instabile Länder zahlen deutlich höhere Zinsen, das Ausfallrisiko ist hier jedoch deutlich höher. Zinsrisiken bestehen analog der deutschen Bundesanleihe.

- ➢ chancenorientiert

c) Unternehmensanleihe, Siemens:

Zinsänderungsrisiko, erhöhtes Bonitätsrisiko (Rating BBB).

Neben dem Zinsänderungsrisiko (s. Bundesanleihe) hat der Käufer hier noch ein erhöhtes Bonitätsrisiko des Emittenten zu tragen. D.h. entwickelt sich das Unternehmen schlecht, muss er im Extremfall einen Totalverlust hinnehmen. Für den Fall, dass es sich um ein ausländisches Unternehmen handelt, sind auch politisch-, rechtliche Risiken analog der Auslandsanleihe möglich.

- ➢ chancenorientiert

Anmerkung:

Um die Bonität der verschiedenen Emittenten vergleichbar und messbar zu machen, veröffentlichen unabhängige Agenturen (z.B. Standard & Poor's) sog. Ratings. Hier ist das Rating AAA bei Standard and Poor's das höchst zu erreichende. Nur Anleihen von bester Qualität und dem geringsten Ausfallrisiko werden so bewertet. Anleihen guter Unternehmen werden mit Ratings von A, A-, A+ versehen, da diese je nach wirtschaftlicher Lage auch negative Entwicklungen aufzeigen können. Die Unternehmen müssen die Bewertung ihrer Anleihen selbst in Auftrag geben. D.h. fehlt ein Rating bei einem Unternehmen, ist das eher ein schlechtes Zeichen.

Näheres hierzu finden Sie auch im Themenbereich Firmenkundengeschäft im Fall 8.5.

2. **Herr Baum möchte in Unternehmensanleihen investieren. Wie kann er das Risiko minimieren?**

Kauft Ihr Kunde einzelne Unternehmensanleihen, setzt er sich extremen Einzelrisiken aus. Kommt es zu einer Verschlechterung der Unternehmenslage (RATING), fällt automatisch auch der Kurs seiner Anleihe. Dies ist völlig unabhängig von der Entwicklung des Gesamtmarktes. Im Extremfall erleidet er einen Totalausfall bei Endfälligkeit des Papiers. Bei solchen Einzelrisiken spricht man auch von **unsystematischen Risiken.** Im Gegensatz zu **systematischen Risiken (Marktrisiko)** kann man diese unsystematischen Risiken durch Diversifikation stark reduzieren.

Die beste Möglichkeit einer Diversifikation (Risikostreuung) bieten Fondslösungen.

3. **Wie wirkt der Zinsmechanismus auf die Kurse der Anleihen? Gibt es weitere Einflüsse?**

Kurse und Zinsen stehen in einem gegenläufigen Verhältnis:

- Fallende Kurse bei steigenden Zinsen
- Steigende Kurse bei fallenden Zinsen

Auch Bonitätsveränderungen nehmen Einfluss auf das Kursniveau:

- Fallende Kurse bei Verschlechterung der Bonität.
- Steigende Kurse bei Verbesserung der Bonität.

4. **Erklären Sie Herrn Baum den Begriff „Rating“**

Rating:

Ausfallwahrscheinlichkeit, dass Zins und Tilgung nicht geleistet werden (standardisiert).

Mit welchen Fragen Sie noch rechnen müssen

- Was passiert bei einem vorzeitigen Verkauf der Anleihen?
- Wie ist die Handhabung bei Fonds?

Spezielle verkäuferische Aspekte

- Halten Sie Visualisierungshilfen bereit. Gerade bei einem solch komplexen Fachgebiet ist es für den Kunden und auch für Sie als Berater einfacher, wenn man sich etwas anschauen kann. Dies könnten z.B. Fondsportraits, Charts etc. sein.
- Sprechen Sie langsam und fragen Sie lieber öfter beim Kunden nach, ob er noch mit an „Bord" ist.
- Sprechen Sie bildhaft und bringen Sie Vergleiche aus dem täglichen Alltag.

  Beispiel:

  „Erdbeeren sind im Winter teurer, da das Angebot hier deutlich kleiner ist."
- Malen Sie dem Kunden das magische Dreieck auf, um ihm den Zusammenhang zwischen Zinsen und Sicherheit seiner Anlage besser aufzeigen zu können.

  Beispiel:

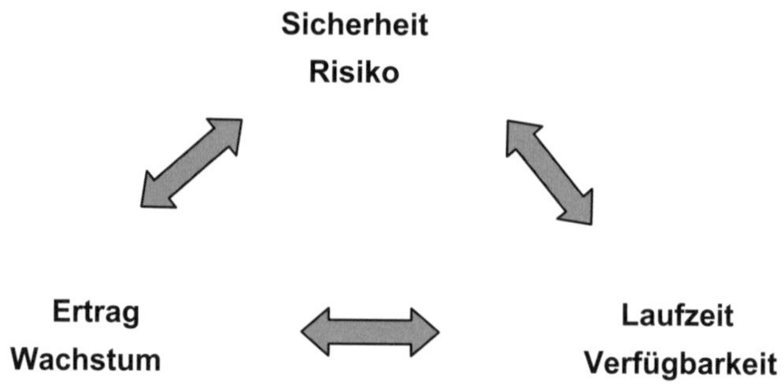

- Wenn Ihr Kunde einen hohen Ertrag wünscht muss er eine Anlage mit langer Laufzeit bzw. mit einem höheren Risiko wählen.
- Ist Ihr Kunde sehr sicherheitsbewusst, werden seine Erträge i.d.R. eher gering sein, es sei denn er wählt eine längere Laufzeit.
- Ist Ihrem Kunden die tägliche Verfügbarkeit wichtig, hat er weniger Erträge, es sei denn, er wählt eine risikobehaftete Anlage.

Cross-Selling-Ansätze

Produkte zur Bedürfnisebene Absicherung, Vorsorge:

- Angebot über einen Riester-Vertrag zur Altersvorsorge + steuerliche und staatliche Förderung

Produkte zur Bedürfnisebene Steuern, staatliche Förderung:

- Neuabschluss eines Bausparvertrags zur Einzahlung der vermögenswirksamen Leistung und WoP-Gutschrift

4.3 Derivate

Situation

Sie sind Berater/in in Ihrer Bankfiliale. Für heute Nachmittag hat sich Ihre Kundin Sabine Schmidt angekündigt.

Frau Schmidt ist 28 Jahre alt. Sie ist Verkäuferin in einer Boutique, alleinstehend und verdient 1200 EUR netto. Frau Schmidt wohnt z. Zt. noch bei ihren Eltern, ist aber auf der Suche nach einer ETW.

Frau Schmidt hat 1999 in verschiedene Aktien investiert.

Ihre Kundin ist besorgt über die Börsenentwicklung und sucht Ihren Rat. Sie hat von einem Freund erfahren, dass Derivate die Risiken minimieren können.

Das Depot von Frau Schmidt setzt sich wie folgt zusammen:

100 Stück Aktien Intershop Communications AG zu 160 EUR

50 Stück Aktien Medion AG zu 300 EUR

200 Stück Aktien Cisco Systems inc. zu 80 EUR erworben.

Heute stehen die Aktien bei 1,34 EUR, 6,02 EUR und 11,91 EUR

Frau Schmidt möchte diese Entwicklung erklärt bekommen und eine Strategie für die Zukunft festlegen.

Orientierungshinweise

Aspekte des Privatkundengeschäfts

1. Erläutern Sie die Strategien von Short-Put und Short-Call Geschäften.
2. Erklären Sie Frau Schmidt den Unterschied zwischen bedingten und unbedingten Termingeschäften und nennen Sie je ein Beispiel.
3. Erarbeiten Sie gemeinsam mit Ihrer Kundin eine Anlagestrategie für die Zukunft

Volkswirtschaftliche Aspekte

4. Beschreiben Sie die vier Konjunkturphasen und erläutern Sie deren Merkmale.

Informationsphase

Sparen, Anlegen

- Wie haben Sie sich Ihr Aktienengagement weiterhin vorgestellt?
- Wie lange planen Sie die Anlagedauer?
- Sind Sie eher chancenorientiert oder suchen Sie mittlerweile eher einen „sicheren Hafen“?

Immobilie, Eigenheim

Wie möchten Sie Ihre Immobilie finanzieren und in wie weit sollen wir Ihre WP-Anlage hier mit einplanen?

Absicherung, Vorsorge

Wie haben Sie sich die Absicherung Ihrer ETW vorgestellt?

Sie wollen sich doch Ihren heutigen Lebensstandard auch im Alter sichern. Haben Sie sich hierüber schon Gedanken gemacht?

Lösungsansätze Privatkundengeschäft

1. **Erläutern Sie die Strategien von Short-Put und Short-Call-Geschäften**

Begriffsdefinitionen:

<u>Short Call:</u>

= Stillhalterposition, d.h. Verpflichtung zum Verkauf des Basiswertes bei Ausübung.

Dieser Position liegt die Erwartung stabiler bis leicht sinkender Kurse zu Grunde, da in diesem Fall die Prämie durch Zeitverlust und/oder Kursverlust verdient wird.

An der EUREX sind für den Fall von größeren Verlusten Sicherheiten, sog. Margin zu hinterlegen, die täglich neu ermittelt werden. Von einer gedeckten Kauf-Option (covered Call) spricht man, wenn die Sicherheiten in den betreffenden Wertpapieren geleistet werden. Diese Kombination von Wertpapier- und Optionsposition wird gesondert behandelt.

Gewinnchancen und Verlustrisiken beim Short Call können grafisch wie folgt veranschaulicht werden:

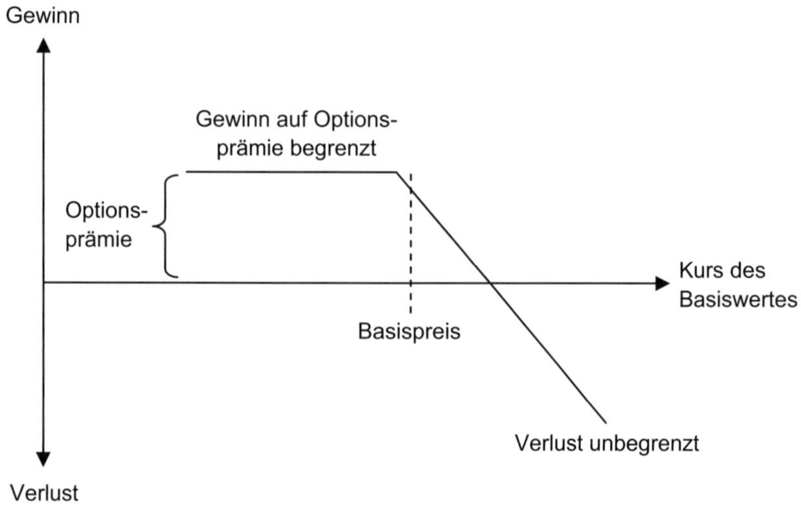

Visualisierung von Gewinn- und Verlustpotenzialen
beim „Short-Call“

Short Put:

= Stillhalterposition, d.h. Verpflichtung zum Kauf des Basiswertes bei Ausübung.

Dieser Position liegt die Erwartung stagnierender oder leicht steigender Kurse zu Grunde. Das Gewinnpotenzial ist auf die erhaltene Optionsprämie begrenzt. Sollte der Kurs des Basiswertes unter den Break-Even-Point fallen, sind die möglichen Verluste unbegrenzt.

Auch hier muss der Verkäufer eine Margin leisten, da er bei Ausübung der Option den Basiswert zum vereinbarten Preis kaufen muss. Auch diese wird täglich nach der *Risk-Based-Margin* berechnet.

Gewinnchancen und Verlustrisiken beim Short Put können grafisch wie folgt veranschaulicht werden:

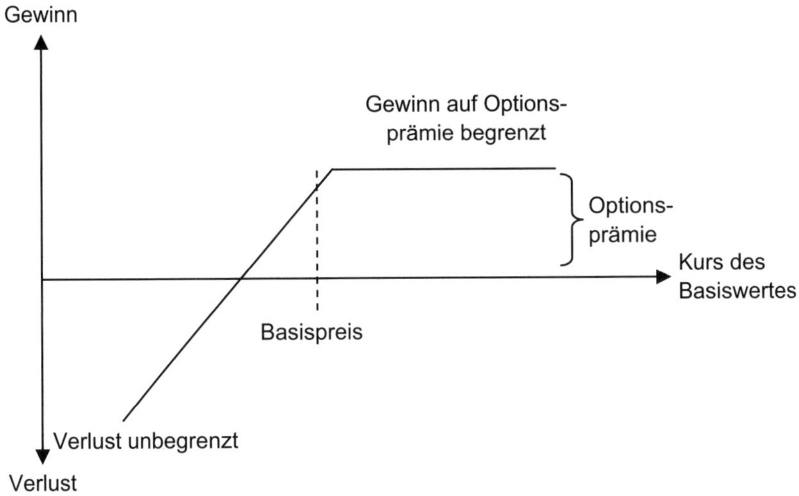

Visualisierung von Gewinn- und Verlustpotenzialen beim „Short-Put“

2. Erklären Sie Frau Schmidt den Unterschied zwischen bedingten und unbedingten Termingeschäften und nennen Sie je ein Beispiel.

Der wesentliche Unterschied liegt hier in der Rechtsstellung des Käufers.

1. Bedingtes Termingeschäft:

Hier geht der Inhaber keine Verpflichtung ein. Er kann jedoch die entsprechende Gegenleistung (Abnahme oder Lieferung) vom Verkäufer verlangen.

Beispiel: Option

2. Unbedingtes Termingeschäft:

Hier sind beide Vertragspartner, sowohl Käufer als auch Verkäufer vertraglich gebunden. Das Risiko des Käufers ist hier also ebenfalls unbegrenzt.

Beispiel: Future

3. Erarbeiten Sie gemeinsam mit Ihrer Kundin eine Anlagestrategie für die Zukunft

Fondsstrategien könnten eine sinnvolle Alternative für die Zukunft ihrer Kundin sein. Hier kann sie Einzelwertrisiken ausschalten und trotzdem an den positiven Entwicklungen der Gesamtmärkte teilnehmen. Durch den Erwerb verschiedener Fonds, die jeweils einen bestimmten Markt abdecken, kann sie neben der Optimierung der Einzelwertanlage auch die Streuung auf verschiedene Märkte (Anlageformen, Laufzeiten, Branchen, Laufzeiten) erreichen.

Lösungsansätze Volkswirtschaft

4. Beschreiben Sie die vier Konjunkturphasen und erläutern Sie deren Merkmale.

Phase	Merkmale
Aufschwung Wachstumsrate ist höher als im Vorjahr	Nachfrage > Angebot ➢ Produktion, Kapazitätsauslastung und Investitionen steigen. ➢ Beschäftigung und Nachfrage steigen ➢ Preise und Zinsen steigen teilweise an ➢ Einkommen und Gewinne steigen ➢ Zukunftserwartungen sind optimistisch
Boom (Hochkonjunktur) sehr hohe Wachstumsraten	Nachfrage > Produktionspotenzial ➢ Hohe Produktion, hohe Investitionen, Kapazitätsauslastung erreicht ihre Grenze ➢ Hoher Beschäftigungsgrad ➢ Deutliche Steigerung der Zinsen und Preise ➢ Zukunftserwartungen zu Beginn sehr optimistisch, gegen Ende jedoch eher pessimistisch

Abschwung (Rezession) niedrigere Wachstumsrate als im Vorjahr	Nachfrage < Produktionspotenzial ➢ Abnehmende Produktion, Kapazitätsauslastung, Nachfrage und Investition ➢ Beschäftigung, Einkommen und Gewinne gehen zurück ➢ Zinsen und Preise fallen leicht ➢ Zukunftserwartungen eher pessimistisch
Tiefststand (Krise, Depression) Wachstumsraten um das Minimum Schrumpfung des BIP	Nachfrage < Angebot ➢ Nachfrage, Produktion, Investition und Kapazitätsauslastung sinken weiter ➢ Beschäftigung, Einkommen und Gewinne gehen deutlich zurück ➢ Zinsen sinken deutlich, Preise sinken bzw. stagnieren ➢ Erste Anzeichen optimistischer Zukunftserwartungen

Unter einem Konjunkturzyklus versteht man die Zeit zwischen zwei Phasen der Hochkonjunktur bzw. zwei Phasen der Depression. In der Regel beträgt die Dauer ca. 4-6 Jahre.

Mit welchen Fragen Sie noch rechnen müssen

- Stellen Sie dar, was ein Cap, ein Floor und ein Collar ist.
- Was versteht man unter einer Kombinationsstrategie?
- Was versteht man unter „Garantiefonds"

Spezielle verkäuferische Aspekte

- Visualisieren Sie auch in diesem Fall so viel wie möglich: Halten Sie Charts zu den verschiedenen Aktien bereit und parallel dazu die Wertentwicklungen und Fondsportraits diverser Fonds, die für Frau Schmidt in Frage kommen.
- Sie können ruhig auch die ganz aktuellen und zeitnahen Kurse der einzelnen Papiere abfragen. Dies unterstreicht Ihre Kompetenz.

Cross-Selling-Ansätze

Produkte zur Bedürfnisebene Immobilie, Eigenheim:

- Empfehlung der eigenen Immobilienvermittlung
- Finanzierung der ETW
- Näheres hierzu finden Sie auch im Themenbereich Immobiliengeschäft im Fall 6.1 bzw. 6.2

Produkte zur Bedürfnisebene Absicherung, Vorsorge:

- Absicherung der ETW, z.B. Hausratversicherung
- Abschluss einer Lebens- oder Rentenversicherung zur Altersvorsorge

Produkte zur Bedürfnisebene Steuern, staatliche Förderung:

- Abschluss eines Riester-Vertrages zur Altersvorsorge mit staatlicher und steuerlicher Förderung

4.4 Aktien-Analyse

Situation

Heute Nachmittag haben Sie einen Termin mit Ihrer Kundin Kerstin Mittermeyer vereinbart.

Frau Mittermeyer ist 32 Jahre, verheiratet, Studienrätin und verdient 2.500 EUR netto im Monat.

Herr Mittermeyer ist angestellter Architekt und verdient im Monat 3.000 EUR netto.

Die Eheleute Mittermeyer haben zwei Kinder im Alter von 3 und 8 Jahren. Für die Kinder besteht jeweils ein Sparbuch mit kleinem Guthaben.

Das Gesamtguthaben der Familie beläuft sich bei ihrem Institut auf 60.000 EUR. Ihre Kunden wohnen zurzeit noch zur Miete.

Ihre Kundin hat bisher in Aktienfonds investiert. Sie brauchte sich hierbei keine Gedanken über die Auswahl der einzelnen Aktien machen.

Im Handelsblatt hat sie nun einen Artikel über Fundamental- und technische Analyse gelesen. Sie fand diesen sehr interessant und möchte einen Teil Ihrer kurzfristig verfügbaren Eigenmittel in Einzelwerte investieren.

Bevor Frau Mittermeyer zur Tat schreitet, möchte Sie die letzten Fragen zu o. g. Thema von Ihnen geklärt wissen.

Orientierungshinweise

Aspekte des Privatkundengeschäfts

1) Erläutern Sie Ihrer Kundin den Unterschied zwischen Fundamental- und technischer Analyse.
2) Warum ergänzen sich beide Methoden?
3) Klären Sie die Begriffe Kurs-Gewinn-Verhältnis, Kurs-Cashflow-Verhältnis, Dividenden- und Aktienrendite.
4) Die klassische Methode der Chartanalyse wird durch Indikatorenmethoden ergänzt. Nennen und erläutern Sie die wichtigsten.

Informationsphase

Sparen, Anlegen

- Mit welchem Betrag möchten Sie einsteigen?
- Wie lange möchten Sie die einzelnen Titel in der Regel halten?
- Inwieweit kennen Sie sich mit Aktienanlagen bzw. der Börse im Allgemeinen aus?
- Sind Sie sich des Risikos, das sie eingehen möchten voll bewusst?
- Wie möchten Sie Ihre weiteren Guthaben für die Zukunft strukturieren, dies insbesondere in den Bereichen Laufzeit und Verfügbarkeit?

Geldverkehr

Ist es für Sie interessant, Ihre Aktiengeschäfte direkt online von zuhause aus tätigen zu können?

Absicherung, Vorsorge

Sie wissen es selber, eine gute Ausbildung der Kinder ist teuer. Haben Sie sich hierüber schon Gedanken gemacht?

Lösungsansätze Privatkundengeschäft

1. **Erläutern Sie Ihrer Kundin den Unterschied zwischen Fundamental- und technischer Analyse.**

Begriffsdefinitionen:

Fundamental-Analyse:

Hier versucht der Analyst, die Kursentwicklung von Wertpapieren aus den **grundlegenden (fundamentalen) wirtschaftlichen Zusammenhängen** heraus zu erklären und prognostizieren.

Viele volks- und betriebswirtschaftlich wichtige Daten stehen häufig jedoch nur quartalsweise zur Verfügung und die Veröffentlichung der Daten erfolgt oft zeitverzögert. Aus diesem Grund kann die Fundamentalanalyse besonders zur mittel- bis längerfristigen Trendeinschätzung herangezogen werden.

Mit der Fundamentalanalyse kann der Analyst auf Basis seiner **Bewertungen** eine **strategische Auswahlentscheidung** treffen.

Beispiel: Analyseurteile

Überbewertet	Führt zum Verkauf des jeweiligen Wertpapiers
Unterbewertet	Führt zum Kauf des jeweiligen Wertpapiers

Technische Analyse:

Hier versucht der Analyst Trendänderungen rechtzeitig zu erkennen oder auch aus der vorangegangenen Kursentwicklung heraus zu prognostizieren. Grundlage hierfür sind **Börsenkurs und -umsatz**, die immer das wahre Verhältnis der Marktkräfte widerspiegeln. D.h. die technische Analyse beschäftigt sich ausschließlich mit der Kurs- und Umsatzentwicklung von Wertpapieren.

Da hier alle Daten jederzeit und kurzfristig zu Verfügung stehen, liegt der Fokus der technischen Analyse eindeutig auf der **kurzfristigen Markteinschätzung**. Dies insbesondere auch auf Grund der immer kürzeren Anlagehorizonte, vor allem institutioneller Anleger.

2. **Warum ergänzen sich beide Methoden?**

Zur Kurzfristprognose eignet sich die Technische Methode.

Je länger jedoch der Anlagehorizont des Anlegers ist, umso wichtiger wird auch die Fundamentalanalyse der einzelnen Werte.

3. **Klären Sie die Begriffe Kurs-Gewinn-Verhältnis, Kurs-Cashflow-Verhältnis, Dividenden- und Aktienrendite.**

Die Preiswürdigkeit einer Aktie wird dadurch bestimmt, indem Gewinn und Cashflow zum Kurs der Aktie in Beziehung gesetzt werden. Zusammen mit der Dividendenrendite bilden sie die wichtigsten finanzanalytischen Kennzahlen:

$$\textbf{Kurs-Gewinn-Verhältnis} = \frac{\text{Kurs der Aktie}}{\text{Gewinn pro Aktie}}$$

$$\textbf{Kurs-Cashflow-Verhältnis} = \frac{\text{Kurs der Aktie}}{\text{Cashflow pro Aktie}}$$

$$\textbf{Dividendenrendite} = \frac{\text{Dividende pro Aktie}}{\text{Kurs der Aktie}}$$

Allgemein gilt, je niedriger das KGV und das Kurs-Cashflow-Verhältnis und je höher die Dividendenrendite, desto günstiger ist die Bewertung einer Aktie einzustufen.

Zum direkten Bewertungsvergleich zwischen Aktien und Anleihen wird der Anleihenrendite die **Aktienrendite** gegenübergestellt. Die Aktienrendite entspricht rechnerisch dem Kehrwert des KGV.

$$\textbf{Aktienrendite} = \frac{\text{Gewinn pro Aktie}}{\text{Kurs der Aktie}}$$

Der Zins einer festverzinslichen Anleihe ist für die gesamte Laufzeit garantiert. Der jährliche Unternehmensgewinn unterliegt jedoch stärkeren Schwankungen. Die Aktienrendite sollte auf Grund ihres höheren Risikos über der Anleihenrendite liegen.

4. Die klassische Methode der Chartanalyse wird durch Indikatorenmethoden ergänzt. Nennen und erläutern Sie die wichtigsten.

Konzept der relativen Stärke:

Mit dem Konzept der relativen Stärke soll dem Anleger die richtige Wertpapierselektion leicht gemacht werden. Grundlage hierfür ist die Kursstärke der einzelnen Papiere. Bei diesem Konzept geht man davon aus, dass das zuletzt kursstärkste Wertpapier sich auch in einem gewissen zukünftigen Rahmen relativ besser entwickeln wird, als andere Wertpapiere.

Momentum:

Maß für die Richtung und Dynamik einer Kursbewegung. Das Momentum stellt die prozentuale Veränderungsrate eines Kurses gegenüber dem Wert einer bestimmten Vorperiode dar. Das Momentum bewegt sich immer um die Null-Linie. Für das Timing entscheidend sind die unteren und oberen Wendepunkte der Momentumlinie. Von einer nachlassenden Kursdynamik spricht man, wenn diese Linie im positiven Bereich nach unten dreht. Hier spricht man von einem Verkaufssignal. Umgekehrt leitet man aus dem Drehen der Momentumlinie im unteren Schwankungsbereich nach oben, ein Kaufsignal ab.

Put/Call-Ratio:

Das Put/Call-Ratio ist eine Art Anlagestimmungs-Messer. Es stellt das Verhältnis der täglich gehandelten Aktienverkaufsoptionen zur Zahl der Kaufoptionen dar. Ist der Wert des Put/Call-Ratios eher niedrig, spiegelt dies eine optimistisch vorherrschende Anlegerstimmung wider. Umgekehrt deutet ein hohes Put/Call-Ratio auf eine pessimistische Haltung der Anleger. Zur Bewertung der Aussagekraft des Put/Call-Ratios zieht man von der Theorie der **„contrary opinion“** heran. Ein optimistisches Put/Call-Ratio zeugt von einer negativen Kursentwicklung, während ein pessimistisches eher steigende Kurse erwarten lässt.

Mit welchen Fragen Sie noch rechnen müssen

- Was versteht man bei der Technischen Analyse unter „Timing“?
- Was versteht man bei der Fundamentalanalyse unter „Selection“?
- Welche Indikatoren ergänzen die klassische Methode der Chartanalyse?
- Was sind Trendkanäle?

Spezielle verkäuferische Aspekte

Bereiten Sie sich schon im Vorfeld der mündlichen Prüfung (dies gilt natürlich auch für die Praxis) auf ein Gespräch zur Wertpapieranalyse vor.

- Sie können hier z. B. einen oder mehrere zeitnahe Charts bekannter Aktienwerte bereithalten, um Ihrem Kunden hier Trendlinien, Trendkanäle, Kauf- und Verkaufssignale oder auch Widerstands- und Unterstützungslinien zeigen und erläutern zu können.
- Zeichnen Sie ggf. die Indikatoren ein und geben Sie Ihrem Kunden eine Kopie mit nach Hause. Besonders gut kommt es beim Kunden an, wenn Sie schon gleich darauf hinweisen, dass er ein Exemplar mitnehmen kann.
- Halten Sie auch Fachzeitschriften bereit, um hier auch auf die Kennzahlen der Fundamentalanalyse eingehen zu können.

Cross-Selling-Ansätze

Produkte zur Bedürfnisebene Geldverkehr:

- Neuanlage eines Online-Brokerage-Kontos, damit Frau Mittermeyer jederzeit von zuhause aus ihre Aktiengeschäfte tätigen kann.

Produkte zur Bedürfnisebene Absicherung, Vorsorge:

- Neuabschluss von Ausbildungsversicherungen für die beiden Kinder.
- Angebot über Unfallversicherung evtl. auch mit Beitragsrückerstattung für die beiden Kinder.

4.5 Erben und Vererben

Situation

Ihr Kunde Adam Mann ist verstorben. Er hinterlässt zwei Töchter, die für heute Nachmittag einen Termin mit Ihnen vereinbart haben. Die beiden Damen sind keine Kunden Ihrer Bank.

Sie wollen Ihnen ein Testament vorlegen, in dem beide zu gleichen Teilen Alleinerben sind.

Eine Tochter wohnt am Wohnort des Verstorbenen, die andere ist 50 km angereist.

Sie führen für Herrn Mann folgende Konten:

Girokonto H	4.000 EUR
Sparkonto1 H	50.000 EUR
Sparbrief H	15.000 EUR, fällig 05.01.2010
Sparkonto2 H	5.000 EUR
Kleines Darlehen	5.000 EUR

Für das Sparkonto2 besteht ein Vertrag zu Gunsten Dritter für den Todesfall. Begünstigt ist hier Herrn Manns guter Freund Heinz Emmert. Herr Emmert weiß hierüber Bescheid und hat den Vertrag bereits angenommen und unterzeichnet.

Orientierungshinweise

Aspekte des Privatkundengeschäfts

1) Welche Tätigkeiten in Bezug auf den Sterbefall müssen Sie durchführen?
2) Wie bereiten Sie sich auf Ihr Kundengespräch heute Nachmittag vor?

Rechtliche Aspekte

3) Die Erbinnen sind mit dem Vertrag zu Gunsten Dritter nicht einverstanden und möchten die Übertragung des Guthabens verhindern. Ist dies rechtlich möglich?

Informationsphase

Erben, Vererben

- Liegt für das Testament ein Eröffnungsprotokoll des Amtsgerichts vor?
- Persönliche Legitimation der Erben (Personalausweise)
- Sind Ihnen schon irgendwelche Beerdigungskosten angefallen?
- Wohnt eine der beiden Damen im Ausland bzw. soll das Geld ins Ausland transferiert werden?
- Beide verfügen gemeinschaftlich. Wie haben Sie sich die Aufteilung der Guthaben vorgestellt?
- Was haben Sie im Einzelnen mit den Geldern geplant?

Sparen, Anlegen	Geldverkehr
Nach welchem Konzept werden Sie bei Ihrer Bank beraten?	Legen Sie Wert auf kostenlose Kontoführung?

Lösungsansätze Privatkundengeschäft

1. Welche Tätigkeiten in Bezug auf den Sterbefall müssen Sie durchführen?

a) Ermittlung der Nachlasswerte bei der Bank

Da das Guthaben am Todestag größer als 1.200 EUR ist, muss eine Meldung an das Erbschaftssteuerfinanzamt gerichtet werden (§ 33 ErbStG, § 5 ErbStDV). In dieser Meldung werden alle Guthaben und Depots erfasst. Eine Aufrechnung von Guthaben mit Forderungen ist hier nicht zulässig. Zusätzlich sind auch alle Zinsen und Stückzinsen bis zum Todestag zu melden.

Eine Meldung ist auch zwingend notwendig, wenn nur ein Schließfach des Verstorbenen besteht.

Die Anzeige muss binnen eines Monats nach Kenntnisnahme vom Tod des Erblassers beim Finanzamt eingehen.

b) Alle Konten müssen als „Nachlass" gekennzeichnet werden.

c) Reduzierung, Anpassung und Löschung des Freistellungsauftrages.

d) Feststellung der verfügungsberechtigten

Erben:

- Erbschein
- Eröffnetes Testament mit Eröffnungsprotokoll

Testamentsvollstrecker:

- Testamentsvollstreckerzeugnis

Nachlasspfleger oder -verwalter:

- Bestallungsurkunde

Bevollmächtigter:

- Vollmacht über den Tod hinaus bleibt grundsätzlich bestehen. Die Erben können diese jedoch jederzeit widerrufen.
- Vollmacht für den Todesfall tritt erst mit dem Tod des Kontoinhabers in Kraft.

e) Benachrichtigungsschreiben an alle Verfügungsberechtigten.

f) Verfügungen über die Nachlasswerte

- Legitimierte Erben können jederzeit verfügen. Mehrere Erben verfügen nur gemeinschaftlich.
- Die Kosten einer standesgemäßen Beerdigung können nach §1968 BGB gegen Beleg ausbezahlt werden

g) Auflösung oder Umschreibung der Nachlasswerte.

2. Wie bereiten Sie sich auf Ihr Kundengespräch heute Nachmittag vor?

Nachdem Sie die Konten als Nachlasskonten gekennzeichnet haben, können Sie sich in aller Ruhe auf das Kundengespräch vorbereiten.

Zuerst sollten Sie feststellen, ob sich die Erbinnen ausreichend legitimieren können:

1. Sterbeurkunde
2. Eröffnetes Testament, das beide als Alleinerbinnen zu gleichen Teilen aufweist
3. persönliche Legitimation

Sind alle Unterlagen vollständig, steht einer Kontoumschreibung bzw. Auflösung nichts mehr im Wege. Einzig der Sparbrief, der erst 2010 fällig ist, kann fürs Erste nur umgeschrieben, aber nicht ausgezahlt werden. Hier können die Damen sich entscheiden, ob der Brief auf beide oder nur auf eine Tochter umgeschrieben wird. Wird der Brief auf beide umgeschrieben, ist die Problematik „Abgeltungsteuer" zu beachten.

Sind die Unterlagen unvollständig, können Sie nur grob über die weitere Vorgehensweise Auskunft erteilen. Eine komplette Erbabwicklung ist erst möglich, bei Vorlage aller Unterlagen. Falls die Tochter mit dem weiteren Anfahrtsweg zu einem späteren Zeitpunkt nicht erscheinen kann, können Sie im Vorfeld eine Vollmacht ihrerseits einholen, die die andere Tochter zur Abwicklung des gesamten Erbfalls bevollmächtigt.

Lösungsansätze Recht

3. Die Erbinnen sind mit dem Vertrag zu Gunsten Dritter nicht einverstanden und möchten die Übertragung des Guthabens verhindern. Ist dies rechtlich möglich?

Hier handelt es sich um einen Vertrag zu Gunsten Dritter (§ 328 BGB).

Grundsätzlich wäre ein Widerruf dieses Vertrages durch die Erben möglich, weil die Erben im Wege der Gesamtrechtsnachfolge die Rechtsposition des Verstorbenen einnehmen. Sie hätten also ebenso wie der Kontoinhaber das jederzeitige Recht auf Widerruf. Dies allerdings nur, wenn ein Widerruf nicht vertraglich ausgeschlossen ist und der Dritte das Angebot noch nicht angenommen hat.

Im vorliegenden Fall wurde Herr Emmert durch seine Unterschrift direkt am Vertrag beteiligt und hat somit die Schenkung schon bei Vertragsabschluss angenommen.

Ein Widerruf durch die Erben ist in diesem Falle nicht mehr möglich. D.h. Ihre Bank kann mit schuldbefreiender Wirkung an Herrn Emmert auszahlen bzw. das Sparkonto2 umschreiben.

Mit welchen Fragen Sie noch rechnen müssen

- Wie sieht es mit der Erbschaftssteuer aus (Freibeträge, Steuersätze)?
- Was passiert mit den bestehenden Kontovollmachten?

Spezielle verkäuferische Aspekte

- Bringen Sie bei der Begrüßung der Damen Ihr Beileid zum Ausdruck. Danach gehen Sie zum geschäftlichen Teil über. Eine übertriebene Anteilnahme würde in diesem Fall eher aufgesetzt wirken, da Sie die Damen nicht näher kennen.
- Bleiben Sie während des ganzen Gesprächs ruhig und sachlich und erklären Sie Ihren Kundinnen genau Ihr Tun. Dies auch im Besonderen bei gesetzlich vorgeschriebenen Fragen und Themen.

- Gehen Sie im Gespräch auch auf die Bedürfnisse der einzelnen Damen ein und stellen Sie auch Ihr Beratungskonzept vor. Sie haben so die Chance, die Gelder im Hause zu behalten und nicht an die Konkurrenz zu verlieren. Dies insbesondere bei der Tochter, die am Ort wohnt. Aber auch die andere Tochter sollten Sie nicht kampflos aufgeben. Eine Entfernung von 50 km ist in der heutigen Zeit von Telefon und Internet eine Kleinigkeit!
- In der Praxis ist eine Erbabwicklung deutlich einfacher, wenn Sie die potenziellen Erben schon kennen. Sie haben hier auf jeden Fall eher die Chance, die Gelder im Hause zu behalten bzw. Einzüge von der Konkurrenz zu verhindern. Sprechen Sie, gerade auch mit Ihren älteren Kunden, über das Thema „Erben und Vererben" und vereinbaren Sie einen Termin gemeinsam mit dem zukünftigen Erben.
- Machen Sie den einzelnen Damen zum Ende des Gesprächs das Angebot einer umfassenden Finanzanalyse und einer ganzheitlichen Beratung. Vereinbaren Sie hierzu Folgetermine.

Cross-Selling-Ansätze

Das Cross-Selling bei diesem Gespräch sollte sich tatsächlich nur auf eine Terminvereinbarung beschränken. Sprechen Sie bei der Terminvereinbarung gleich an, worüber Sie im nächsten Gespräch sprechen wollen, aber versuchen Sie keinen Punktum-Verkauf.

Ansätze in den Folgegesprächen könnten sein:

Produkte der Bedürfnisebene Sparen, Anlegen

- Auf den Prüfstand stellen der bisherigen Bankverbindung und evtl. Verlegung einzelner oder im Glücksfall aller Konten.

Produkte der Bedürfnisebene Geldverkehr

- Onlinebanking

4.6 Investmentfonds

Situation

Ihr Kunde Herbert Klein interessiert sich für die Anlage in Investmentfonds. Einige Aspekte zum Thema Nutzen und Kosten sind noch unklar.

Unterstützen Sie ihren Kunden bei seiner Entscheidungsfindung.

Folgendes wissen Sie noch von Ihrem Kunden:

Herr Klein ist 35 Jahre alt, verheiratet, 2 Kinder.

Er hat vor kurzem das Haus seiner Eltern geerbt und möchte demnächst größere Renovierungsmaßnahmen in Angriff nehmen. Außerdem hat die Familie einen mehrwöchigen Urlaub in Asien geplant.

Die familiären und finanziellen Verhältnisse sind einwandfrei. Die Familie besitzt Guthaben in Höhe von 50.000 EUR bei Ihrem Institut.

Orientierungshinweise

Aspekte des Privatkundengeschäfts

1. Welche verschiedenen Fondsarten gibt es? Welche Unterscheidungsmerkmale gibt es bezüglich offener Fonds?
2. Was versteht man unter dem Cost Average Effekt?
3. Unterscheiden Sie Tradingfonds von Fonds mit Ausgabeaufschlag. Wann ist welche Variante günstiger?
4. Ihr Kunde interessiert sich für Aktienfonds. Beschreiben Sie systematische und unsystematische Risiken.

Informationsphase

Sparen, Anlegen

- Sind Sie eher konservativ oder spekulativ eingestellt?
- Wie lange möchten Sie Ihr Geld investieren?
- Haben Sie an regelmäßige kleine Beträge gedacht oder möchten Sie eine Einmalanlage tätigen.
- Wo liegen Ihre Interessen? Bevorzugen Sie bei einer möglichen Einmalanlage offene oder geschlossene Fonds?

Freizeit

Möchten Sie und Ihre Familie auch im Ausland finanziell jederzeit flexibel und zusätzlich gesundheitlich abgesichert sein?

Immobilie, Eigenheim

Ihnen stehen jetzt größere Renovierungsarbeiten ins Haus. Was halten Sie für die Zukunft von einer „Krankenversicherung“ für Ihr Eigentum?

Lösungsansätze Privatkundengeschäft

1. **Welche verschiedenen Fondsarten gibt es? Welche Unterscheidungsmerkmale gibt es bezüglich offener Fonds?**

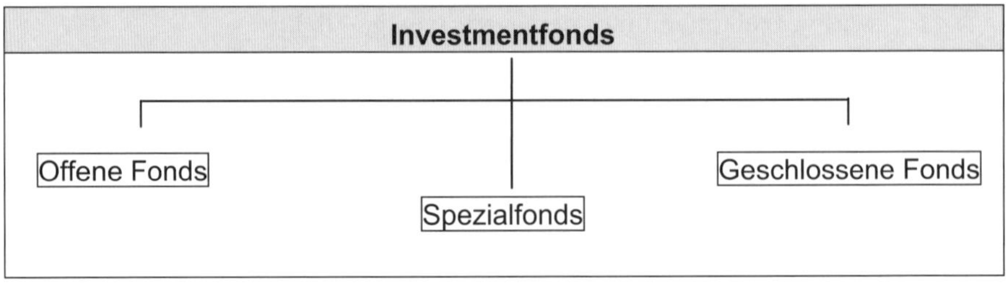

Offene Fonds:

- Zahl der Anteile ist nicht festgelegt, d.h. durch Ausgabe neuer Anteile kann sie jederzeit erhöht werden.
- Sie unterliegen den Vorschriften des Gesetzes für Kapitalanlagegesellschaften (KAGG)
- Die Aufsicht erfolgt durch das Bundesaufsichtsamt für Finanzdiensleistungen (BAFin).
- Die Depotbank ermittelt täglich den Rücknahmepreis und kontrolliert die Einhaltung der Anlagegrundsätze.

- Eine Veräußerung ist täglich möglich.
- Erträge aus offenen Fonds stellen Einkünfte aus Kapitalvermögen dar.

Geschlossene Fonds:

- Es wird nur eine fest bestimmte Anzahl von Anteilen ausgegeben. Ist diese erreicht, wird der Fonds „geschlossen".
- Zahl der Fondsinhaber (Miteigentümer) ist begrenzt.
- Geringer Anlegerschutz
- Die Fondsgesellschaft selbst nimmt keine Anteile zurück.
- Am sog. „Zweitmarkt" muss der Anleger sich selbst um einen Käufer kümmern.
- Erträge aus geschlossenen Fonds stellen Einkünfte aus Vermietung und Verpachtung bzw. Einkünfte aus einem Gewerbebetrieb dar.

Spezialfonds:

- Werden in der Regel nur für einen Anleger oder eine Anlegergruppe aufgelegt (max. 10). Diese sind meist keine natürlichen Personen.
- Individuelle Vermögensverwaltung für institutionelle Anleger.
- Die Anleger definieren eigene Anlagerichtlinien.

Unterscheidungsmerkmale offene Fonds:

Aktienfonds, Immobilienfonds, Geldmarktfonds, Rentenfonds

Bei den einzelnen Fonds gibt es nochmal Unterscheidungen nach Laufzeit, Branche und Regionen.

2. Was versteht man unter dem Cost Average Effekt?

Werden regelmäßig gleich bleibende Beträge in Investmentzertifikate angelegt, kann der Investmentsparer den Vorteil **niedriger Durchschnittserwerbspreise** nutzen.

Beispiel:

	Ausgabepreis EUR	Anlagebetrag EUR	Erworbene Anteile
Januar	50	200	4,00
Februar	70	200	2,857
März	85	200	2,353
Gesamt:	205	600	9,21

Durchschnittsausgabepreis je Anteil:	205 EUR : 3 Monate =	68,33 EUR
Durchschnittserwerbspreis je Anteil:	600 EUR : 9,21 Anteile =	65,14 EUR
Ersparnis je Anteil:		**3,19 EUR**

3. **Unterscheiden Sie Tradingfonds von Fonds mit Ausgabeaufschlag. Wann ist welche Variante günstiger?**

a. Beim klassischen Fonds wird beim Kauf ein einmaliger Ausgabeaufschlag erhoben. Der Kaufpreis errechnet sich aus Rücknahmepreis + Ausgabeaufschlag.

   Diese Fondsvariante eignet sich vor allem für Anleger, die ihr Geld über eine längere Anlagedauer investieren wollen. Die deutlich höheren Kosten beim Kauf relativieren sich im Laufe der Zeit.

b. Beim Tradingfonds fallen beim Kauf keine Kosten an, es werden jedoch höhere Vertriebsprovisionen erhoben, die jährlich dem Fondsvermögen entnommen werden.

   Diese Fondsvariante eignet sich vor allem für Kurzfristanleger, weil ein hoher Ausgabeaufschlag bei kurzer Haltedauer den Gewinn nachhaltig schmälert. Auf Dauer gesehen wird der Tradingfonds auf Grund der laufenden Vertriebsprovisionen zur teureren Variante.

4. **Ihr Kunde interessiert sich für Aktienfonds. Beschreiben Sie systematische und unsystematische Risiken.**

Systematische Risiken:

Marktrisiken, wie z.B. Gesetzesänderungen

⇒ Der gesamte Markt ist davon betroffen

Unsystematische Risiken:

Einzelwertrisiken, wie z.B. Produktrisiko

⇒ Einzelne Werte sind betroffen.
Unsystematische Risiken können durch Risikostreuung reduziert werden.

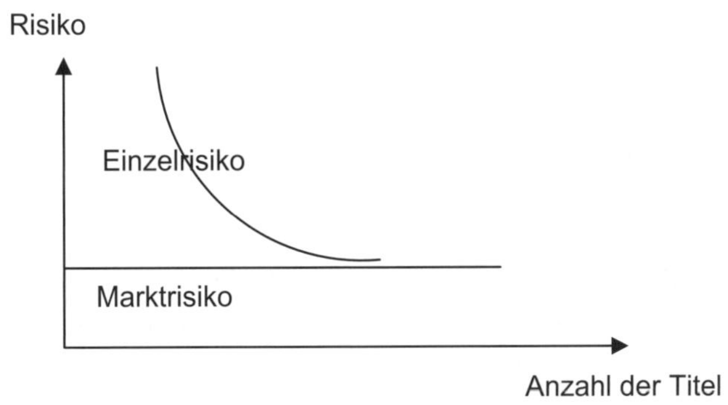

Mit welchen Fragen Sie noch rechnen müssen

- Was ist ein Dachfonds?
- Wann spricht man von Garantiefonds?
- Wann spricht man von einem Freibetrag und wann von einer Freigrenze? Nennen Sie je ein Beispiel.

Spezielle verkäuferische Aspekte

- Auch bei diesem Thema ist es ratsam, einiges an Prospektmaterial vorzeigen zu können. Dies können Fondsportraits, Kurzprospekte oder auch Rechenschaftsberichte der einzelnen Fonds bzw. Fondsgesellschaften sein.
- Wie auch in den vorigen Fällen ist es immer schön für den Kunden, wenn man ihm etwas aufmalt, damit er sich die Zusammenhänge besser vorstellen kann. Geben Sie auch in diesem Fall eine Kopie oder auch Prospektmaterial mit nach Hause. Denken Sie aber an den Grundsatz „weniger ist mehr". D.h. geben Sie anschauliches Material mit, aber nur in Maßen, um den Kunden nicht zu sehr zu verwirren.

Cross-Selling-Ansätze

Produkte der Bedürfnisebene Freizeit:

- Kreditkarte mit Zusatzfunktionen, wie Auslandskrankenversicherung, Reiserücktrittskostenversicherung etc.

Produkte der Bedürfnisebene Immobilie, Eigenheim:

- Neuabschluss eines Bausparvertrages als „Krankenversicherung" für die eigene Immobilie

4.7 Vermögensverwaltung

Situation

Sie haben heute mit Ihrer Kundin Evi Möller einen Termin vereinbart. Frau Möller ist 40 Jahre alt, allein stehend, selbstständige Handelsvertreterin.

Ihre Kundin interessiert sich für eine Vermögensverwaltung für einen Teil ihres Vermögens in Höhe von 70.000 EUR.

Frau Möller ist risikobewusst. Die Investitionssumme von 70.000 EUR stellt einen kleinen Teil ihres Vermögens dar. Seit Jahren wünscht sie sich schon ein schickes Cabrio.

Orientierungshinweise

Aspekte des Privatkundengeschäfts

1. Beschreiben Sie den Aufbau und die Ziele einer Vermögensverwaltung.
2. Was versteht man unter Diversifikation?
3. Welche weiteren Dienstleistungen werden i.d.R. von Vermögensverwaltungen übernommen?

Informationsphase

Sparen, Anlegen

- An welche Anlagedauer haben Sie gedacht?
- Wie hoch soll die Einlage sein?
- Wofür möchten Sie das Geld später verwenden?
- Worauf legen Sie besonderen Wert?
- Sind Sie eher risikobewusst oder spekulativ eingestellt?

Absicherung, Vorsorge

Wie und wann haben Sie den Ausstieg aus dem Berufsleben geplant? Haben Sie sich hierzu schon Gedanken gemacht?

Steuern, staatliche Föredrung

In wie weit spielen steuerliche Aspekte bei Ihrer Anlageentscheidung eine Rolle?

Freizeit

Was machen Sie in Ihrer Freizeit? Haben Sie hier in nächster Zeit größere Anschaffungen geplant, die wir berücksichtigen sollten?

Lösungsansätze Privatkundengeschäft

1. Beschreiben Sie den Aufbau und die Ziele einer Vermögensverwaltung.

Entscheidet sich ein Kunde für eine Vermögensverwaltung, entscheidet er sich auch automatisch dafür, dass ein Verwalter (unter Berücksichtigung der Anlagerichtlinien des Kunden) alle Aufgaben aus dem Depot übernimmt, d.h. er disponiert und entscheidet selbstständig.

Man unterscheidet hier:

Individuelle Vermögensverwaltung	Standardisierte Vermögensverwaltung
➢ In der Regel Anlagevolumina > 250.000 EUR. ➢ Festlegung der Anlagegrundsätze bei Vertragsabschluss. ➢ selbstständiges Disponieren des Verwalters unter Berücksichtigung o.g. Anlagerichtlinien. ➢ Umgehende Anzeige der getätigten Transaktionen ➢ Regelmäßiges Reporting und Gespräche ➢ Festgelegtes Verwaltungshonorar	➢ Bsp.: Investmentfonds ➢ In der Regel Anlagevolumina ab 15.000 EUR ➢ Meist drei Modelle, je nach Anlagetyp des Kunden: • Konservative Variante • Ausgewogene Strategie • Wachstumsorientierte Verwaltung ➢ Standardisierte Kundenlösungen

2. **Was versteht man unter Diversifikation?**

Unter der Diversifikation von Anlagegeldern versteht man zum einen die **Strategische Vermögensstrukturierung**, zum anderen die **Taktische Vermögensstrukturierung**.

Strategische Vermögensstrukturierung				
Länder	**Währungen**	**Branchen**	**Laufzeiten**	**Anlageklassen**
Europa	Euro	Elektro	Kurz-	Aktien
Deutschland	Dollar	Automobil	Mittel-	Renten
USA	Yen	Konsum	langfristig	Liquidität
Asien	Pfund	Chemie		
Japan	Etc.	Etc.		
Etc.				

Taktische Vermögensstrukturierung

Titel	Emittenten
Geldmarktfonds	Staatsanleihe
Festgelder	Private Schuldner
Industrieanleihen	Blue Chips
Länderanleihen	Spezialwerte
Thyssen	
Daimler	
Etc.	

3. Welche weiteren Dienstleistungen werden i.d.R. von Vermögensverwaltungen übernommen?

➢ Testamentsvollstreckung:

Der Vermögensverwalter wird als Testamentsvollstrecker eingesetzt. Da die Gesellschaft eine juristische Person darstellt, ist die Erfüllung des letzten Willens in jedem Fall gesichert.

➢ Nachlassverwaltung:

Insbesondere um Erbstreitigkeiten zwischen Familienangehörigen und/oder Erbengemeinschaften auszuschließen.

➢ Spezialfonds für Einzelanleger:

Ein Anleger hält hier alle Anteile eines Fonds. Dies ist i.d.R. ab einem Volumen von 10 Mio. EUR möglich. Investoren von solchen Spezialfonds sind u.a. Pensionskassen, Versicherungen, Stiftungen und kirchliche Institutionen.

➢ Private-Banking:

Unter Private Banking versteht man die Betreuung großer Privatvermögen (ab 2,5 Mio. EUR). Diese Betreuung umfasst nicht nur die Anlage in Wertpapieren sondern kann sich auch auf Edelmetalle, Kunstgegenstände oder auch auf die professionelle Betreuung von Liebhabergegenständen erstrecken.

Mit welchen Fragen Sie noch rechnen müssen

- Was versteht man unter Asset Allocation?

Spezielle verkäuferische Aspekte

- Gerade, wenn das Thema „Vermögensverwaltung“ auf Sie zu kommt, ist es sinnvoll, entweder mit anschaulichen Prospekten zu arbeiten oder dem Kunden die einzelnen Zusammenhänge kurz zu skizzieren.
- Machen Sie sich schon im Vorfeld eine Skizze, wie z.B. ein international strukturiertes Portfolio aussehen kann und nehmen Sie dies als Beispiel für ein international aufgestelltes Depot. Hier ist es auch sinnvoll, sich im Vorfeld schon ein paar Gedanken zu machen, welches die Vor- und Nachteile eines solchen Depots sind.

Cross-Selling-Ansätze

Produkte der Bedürfnisebene Absicherung, Vorsorge:

- Beitragsdepot zur Altersvorsorge

Produkte der Bedürfnisebene Freizeit:

- Leasingangebot für das gewünschte Cabrio
- Näheres zum Thema Leasing finden Sie auch im Themenbereich Firmenkundengeschäft im Fall 8.3.

Produkte der Bedürfnisebene Steuern, staatliche Förderung:

- Angebot für den Erwerb einer Beteiligung

4.8 Konsumentenkredit

Situation

Ihre Kundin Maria Hauser ist seit 3 Jahren Kundin Ihrer Bank. Die Kontoführung war bislang einwandfrei.

Frau Hauser möchte ein neues Auto kaufen und bittet Sie um die Finanzierung des Anschaffungspreises von 12.000 EUR.

Anmerkung:

Frau Hauser ist 23 Jahre alt, ledig und verdient 1.400 EUR netto.

Bei Ihnen werden folgende Konten geführt:

Girokonto	H	1.200 EUR (Dispo 3.000 EUR)
Sparkonto	H	1.500 EUR
Sparvertrag	H	2.000 EUR, hierauf spart Frau Hauser monatlich 100 EUR an.

Orientierungshinweise

1. Wie bereiten Sie sich auf das Kundengespräch vor?
2. Wie führen Sie das Gespräch mit der Kundin?

Informationsphase

Freizeit

- Planen Sie, den kompletten Kaufpreis zu finanzieren, oder soll ein Teil des Sparguthabens mit verwendet werden?
- Wie lange haben Sie sich die Laufzeit vorgestellt?
- Wie viel möchten Sie monatlich zurück bezahlen?
- Wie sieht die Einnahmen- Ausgabenrechnung aus?
- Wie haben Sie sich die Absicherung des Darlehens vorgestellt?
- Können Sie durch Barzahlung evtl. einen Rabatt erreichen, der den Finanzierungsbetrag verkleinert?
- Stehen bei anderen Banken noch Gelder zur Disposition?
- Wie sieht es mit einer Bürgschaft oder auch einer Schenkung aus?

Absicherung, Vorsorge

Wie möchten Sie Ihren Wagen absichern?

Sparen, Anlegen

Das nächste Auto soll doch bestimmt eine Nummer größer werden. Was halten Sie davon, hier jetzt schon vor zu sorgen?

Lösungsansätze Privatkundengeschäft

1. Wie bereiten Sie sich auf das Kundengespräch vor?

Zur Vorbereitung auf das Gespräch ist es sicher ratsam, sich die gesamten Kontounterlagen der Kundin heraus zu suchen und anzuschauen.

Auch sollten Sie die Umsätze auf dem Girokonto prüfen, um schon vorab über das Konsumverhalten Ihrer Kundin informiert zu sein. Diese Daten geben auch wichtige Auskünfte über schon vorhandene Versicherungen oder anderweitige Darlehen.

Sinnvoll ist es auch, schon im Vorfeld eine Berechnung anzustellen, welche Darlehensrate im Extremfall monatlich auf Ihre Kundin zu kommt. Hier gehen Sie von dem genannten Anschaffungspreis des Autos aus und legen die für Ihre Bank übliche Laufzeit für eine Autofinanzierung zu Grunde. Sollte die Kundin die Finanzierung nicht in voller Höhe benötigen, wird sich auch die monatliche Rate bzw. die Laufzeit reduzieren.

Aus den bisher gesammelten Informationen können Sie vorab auch schon eine grobe Einnahmen-, Ausgabenrechnung anstellen, um zu sehen, ob sich Ihre Kundin das Darlehen überhaupt leisten kann und ob Sie einer Darlehensvergabe unter diesen Umständen zustimmen wollen. Sollten die Ausgaben die Einnahmen übersteigen, wird es wohl im Gespräch zu einem sog. „Nein-Verkauf" kommen, d.h. Sie verkaufen Ihrem Kunden, warum Sie kein Darlehen gewähren können.

Da die Kontoführung von Frau Hauser bisher einwandfrei war und ihre bisher gesammelten Daten für eine Kreditvergabe sprechen, steht einem positiven Kundengespräch wohl nichts mehr im Wege.

2. Wie führen Sie das Gespräch mit der Kundin?

Bei diesem Gespräch können Sie sich mit Ihren Bedürfnisfeldern so richtig austoben:

Sie schaffen sich mit deren Hilfe eine genaue Gesprächsstrukturierung, bei der Sie auch nichts vergessen werden.

a) Gesprächseinstieg:

Hier steigen Sie über das Bedürfnis „Freizeit" ein und holen sich alle noch fehlenden Infos zu Ihrer Finanzierung ein (s. Infophase: tatsächliche Höhe, Laufzeit, Rate, Absicherung etc.)

b) Einnahmen- und Ausgabenrechnung:

Bereiten Sie sich hierfür ein Blatt vor, auf dem Sie Ihre gesamten Bedürfnisebenen skizzieren. Dieses Blatt sollte auch Ihrer Kundin als Visualisierung und Gedächtnisstütze dienen.

Beispiel:

Vorsorge

Was haben Sie hier schon getan und wie viel zahlen Sie hierfür monatlich? (Versicherungen etc.)

Sparen, Anlegen

Welchen Betrag legen Sie jetzt schon monatlich zurück? (Sparverträge, Fondssparen etc.)

Immobilie, Eigenheim

Wohnen Sie zur Miete oder in den eigenen vier Wänden? Was zahlen Sie hierfür monatlich?

Freizeit

Was haben Sie in diesem Bereich für monatliche Ausgaben? (Festnetz, Handy, Zeitung, Unterhalt, Kleider, Ausgehen etc.)

Steuern, Staatliche Förderung

Nutzen Sie die staatliche Förderung und wie viel zahlen Sie hier monatlich aus der eigenen Tasche? (Riester oder BaV)

Geldverkehr

Bestehen hier anderweitige Verpflichtungen bei anderen Instituten und wie hoch ist die monatliche Belastung? (Ratenzahlungen, andere Darlehen etc.)

Diese Art der Selbstauskunft ist nicht ganz so steif und steril für den Kunden. Er fühlt sich nicht wirklich ausgefragt sondern wirkt bei der Kreditvergabe eher mit. Ihnen bietet solch eine Vorgehensweise enorme Ansatzpunkte für Versicherungs-Check-Ups, Ausnützung der Staatlichen Förderung etc. Nutzen Sie diese und Sie werden erstaunt sein, wie sehr der Kunde an Ihren Angeboten interessiert ist. Solch eine Aufstellung der Kundendaten, zusammen mit dem Kunden, ist auch für eine zukünftige Betreuung enorm wichtig: Man kann jederzeit darauf zurück kommen und neue Beratungs-Ansätze finden, die auch für Ihren Kunden schlüssig sind.

c) Kreditvergabe und Zusage:

In diesem Punkt machen Sie Frau Hauser ein Kreditangebot und stimmen mit ihr die Eckdaten der Finanzierung und die Konditionen nochmal ab.

Näheres zum Thema Sicherungsübereignung finden Sie auch im Themenbereich „Firmenkundengeschäft", Nr. 8.1.

Näheres zum Thema persönliche und materielle Kreditwürdigkeit finden Sie auch im Themenbereich „Immobiliengeschäft", Nr. 6.1

Mit welchen Fragen Sie noch rechnen müssen

- Wie muss der Wagen versichert werden?
- Was passiert mit dem Dispokredit auf dem Girokonto?
- Wie sieht der Unterschied zum „Privat-Leasing" aus?

Spezielle verkäuferische Aspekte

Die speziellen verkäuferischen Aspekte dieser Finanzierung sind im Wesentlichen schon in der Lösung zu Frage zwei enthalten.

Cross-Selling-Ansätze

Produkte der Bedürfnisebene Absicherung, Vorsorge:

- Angebot über eine Vollkasko-Kfz-Versicherung, zumindest für die Dauer der Darlehenslaufzeit

Produkte der Bedürfnisebene Sparen, Anlegen:

- Neuabschluss eines Sparvertrags speziell für das nächste Auto. Dies kann ein Ratensparvertrag, Fondssparen oder auch ein Bausparvertrag sein, je nachdem, wie Frau Hauser ihre Prioritäten setzt.

4.9 Präsentation, Kundengewinnung

Situation

Sie sind Leiter der Vermögensberatung der XY-Bank. Ihr Vorstand möchte das Kundengeschäft intensivieren und die Marktanteile Ihres Hauses erhöhen. Im Moment wird diskutiert, ob die Geschäftsausweitung über Neukundengewinnung oder Kundenintensivierung erfolgen soll.

Ihr Vorstand möchte mit Ihnen das Für und Wider der einzelnen Komponenten diskutieren und bittet Sie um Vorschläge zu der jeweiligen Vorgehensweise.

Orientierungshinweise

Entwickeln Sie ein Konzept und erläutern Sie dies Ihrem Vorstand.

Lösungsansätze und Medieneinsatz

Zum Einstieg in eine Präsentation macht es in jedem Fall Sinn, einen kurzen Fahrplan zu skizzieren, um Ihre Vorgehensweise in der Präsentation für die Teilnehmer nachvollziehbar zu machen.

Hier eignet sich besonders ein Flipchart, der wie folgt aussehen könnte:

1. Pro und Contra Kundenintensivierung
2. Neukundengewinnung, aber wie?
3. Kundenintensivierung, aber wie?
4. Pro und Contra Neukundengewinnung

Wenn Ihnen eine Pinwand zur Verfügung steht, haben Sie hier eine sehr schöne Möglichkeit Pro und Contra für die beiden vorgegebenen Möglichkeiten auf einer Wand zu präsentieren. Sie benötigen hierzu Metaplankarten in ausreichender Menge und eventuell in verschiedenen Farben für Pro und Contra oder für die beiden Modelle. Der Vorteil einer Pinwand ist, dass bei Ihrer Präsentation der Punkte 1 und 4, der Flipchart weiterhin präsent ist und zum Nachdenken anregt.

Ihre Metaplankarten beschriften Sie am besten schon bei der Vorbereitung, dann brauchen Sie sie während Ihrer Präsentation nur noch erläutern und an die Wand zu bringen. Hier eignet sich besonders ein Pritt „Glue-it", den Sie auch schon bei der Vorbereitung auf der Rückseite der Karten anbringen können. Dies erspart Ihnen das lästige anpinnen, sieht sauber aus und macht einen kompetenten Eindruck auf Ihre Zuhörer.

Jetzt haben wir das Präsentationsmedium gefunden, nun wollen wir noch die Inhalte festlegen.

Beispiel für den Aufbau einer solchen Pinwand:

Neukundengewinnung		Kundenintensivierung	
Pro	Contra	Pro	Contra
Bessere Potenzialausnutzung bei Neukunden	Sehr teuer wegen Sonderkonditionen	Kunden haben schon Vertrauen	Kundenstamm bleibt gleich
Größerer Kundenstamm	Höherer Personalaufwand für Mailings/ Telefonaktionen	Kundendaten schon vorhanden	
	Potenzielle Kunden sind schwer zu überzeugen, da i.d.R. mit Hauptbank zufrieden	Leichtere Auswahl und Selektion möglich	
	Wahl des Vertriebsweges?	Kunden kennen unser Haus schon	
	Neukundenakquise sehr schwierig	Abwanderung unwahrscheinlicher	

Nachdem wir jetzt Pro und Contra einander gegenüber gestellt haben, bleibt uns noch die Präsentation der verschiedenen Möglichkeiten zu Neukundengewinnung bzw. Kundenintensivierung.

Hier bieten sich Folien auf einem Tageslichtprojektor oder Visualizer an. Diese können Sie schön vorbereiten und nach und nach aufdecken. Der Vertriebsweg, den Sie vertreten, sollten Sie zum Schluss Ihrer Präsentation bringen. Was der Zuhörer als Letztes hört bleibt am ehesten im Gedächtnis. Nachfolgend zeigen wir Ihnen, wie die Folien zu diesem Fall aussehen könnten:

Neukundengewinnung

1. neue Preismodelle:

   Beispiele: 1.1 günstiges Online-Konto
   1.2.Kostenlose Kontoführung bei Mindestguthaben
   1.3 Testen Sie uns ein Jahr kostenlos

2. Girokonto mit Zusatz-Nutzen

   Beispiele: 2.1 Kreditkarte inklusive
   2.2 Vergünstigungen bei Kino-, Schwimmbad-, oder Zoobesuch

3. Sonderaktionen im Spar- bzw. Darlehensbereich mit sehr attraktiver Verzinsung und begrenztem Volumen.

Kundenintensivierung

1. Sonderaktionen im Spar- oder Darlehensbereich
2. gezielte Selektion unserer Kunden zu verschiedenen aktuellen Themenbereichen

   Persönliche Info über Sonderaktionen im Sparbereich an Kunden mit Einmalanlage, ohne Girokonto und ohne freie Gelder (bei uns im Haus).

IMMOBILIENGESCHÄFT

5. Pläne und Ziele von Kunden im Immobiliengeschäft

Wie bereits in der Einleitung beschrieben, hat jeder Kunde in den jeweiligen Segmenten andere Prioritäten und somit auch andere Bedürfnisse. Bevor Sie mit den eigentlichen Prüfungsfällen konfrontiert werden, sind daher zunächst die Pläne und Ziele im Immobiliengeschäft zu konkretisieren.

Die Pläne und Ziele von Kunden sind zum einen individuell verschieden und hängen zum anderen von dem jeweiligen Segment ab, dem der Kunde zugeordnet werden kann. So sind die Pläne und Ziele eines gewerblichen Bauträgers anders gelagert als die eines Privatkunden, der zum ersten Mal in seinem Leben eine Immobilie erwerben möchte. So kann an dieser Stelle grundsätzlich zwischen Privatinvestoren und gewerblichen Investoren unterschieden werden. Beide Bereiche werden im Immobiliengeschäft mit abgedeckt.

Dabei ist es jedoch nachvollziehbar, dass der gewerbliche Investor auch im Privatbereich Ziele und Pläne hat, die es überwiegend im Privatkundengeschäft abzudecken gilt. Im Rahmen eines maximalen Cross-Selling-Ansatzes sollte dies immer mit berücksichtigt werden und sich nicht nur auf die gewerblichen Wünsche konzentriert werden. Somit erreicht man eine dauerhafte, ertragreiche Kundenbindung.

Im Folgenden werden die Pläne und Ziele anhand der schon skizzierten Bedürfnisebenen sowie den verschiedenen Lösungsansätzen unterschieden.

Bedürfnisebene Absicherung, Vorsorge:

Im Wesentlichen wird in dieser Bedürfnisebene der Wunsch des Kunden zur finanziellen Absicherung der Familie im Todesfall des Hauptverdieners sowie mögliche negative finanzielle Folgen bei Berufsunfähigkeit und Unfall angesprochen. Das Eintreten solcher Risiken kann eine bereits realisierte Immobilienfinanzierung rasch zum Platzen bringen. Ebenfalls ist die Thematik Einkommen im Rentenalter von entscheidender Bedeutung, da das Niveau der gesetzlichen Rentenversicherung sich immer weiter absenken wird. Dies gewinnt für den Kunden besonders an Bedeutung, wenn die Immobilienfinanzierung noch nicht komplett getilgt wurde. Auch sind gerade bei einer Immobilieninvestition Absicherungen gegen mangelnde Bauausführungen von entscheidender Bedeutung.

Lösungsansätze für die Bedürfnisebene Absicherung, Vorsorge

- *Kapitallebensversicherungen*
- *Risikolebensversicherungen*
- *Bauherrenhaftpflichtversicherungen*
- *Rentenversicherungen*
- *Berufsunfähigkeitsversicherungen*
- *Dread-Desease-Versicherungen*

Bedürfnisebene Sparen, Anlegen:

In dieser Ebene geht es um den Aufbau und Ausbau von Vermögenswerten. Das aufgebaute Vermögen soll i.d.R. für Investitionen, z.B. in eine Immobilie oder für Konsumzwecke verwendet werden. Neben steuerlichen Aspekten fällt einer möglichen Wertentwicklung bzw. Rendite eine besondere Bedeutung zu. Ebenfalls können durch Nutzung einer geeigneten Sparform auch noch zusätzliche positive Effekte erzielt werden. Beim Bausparvertrag sichert sich der Kunde z.B. ein zinsgünstiges Bauspardarlehen. Somit können Zinsänderungsrisiken für den Kunden ganz oder teilweise ausgeschalten werden.

Lösungsansätze für die Bedürfnisebene Sparen, Anlegen

- *Banksparpläne*
- *Fondsparpläne*
- *Bausparverträge*
- *Termingelder*
- *Spareinlagen*

Bedürfnisebene Immobilie, Finanzierung:

Diese Bedürfnisebene ist die zentrale Komponente in diesem Fachgebiet. Sie bildet i.d.R. die Hauptbedürfnisebene in jedem Praxisfall. Es geht hier um die Investition in Immobilien bzw. Immobilienprojekten. Die Immobilien können gewerblich oder wohnwirtschaftlich genutzt werden. Ferner können Sie eigengenutzt oder vermietet werden. Neben den verfügbaren Eigenmitteln ist ein zentrales Thema die Fremdfinanzierung. Hinsichtlich Zusammenstellung und Strukturierung der Finanzierungsbausteine sind einige Kombinationsmöglichkeiten denkbar, die alle unterschiedliche Vor- und Nachteile für den Kunden haben.
Ebenfalls ist es möglich, dem Kunden bei der Suche nach einer geeigneten Immobilie zu unterstützen.

Lösungsansätze für die Bedürfnisebene Immobilie, Finanzierung

- *Immobilienvermittlung*
- *Auswahl geeigneter Finanzierungsmodelle*
- *Ausschalten des Zinsänderungsrisikos durch lange Zinsbindungen*
- *Optimale Gestaltung der Tilgung durch Annuitätendarlehen oder endfällige Darlehen*
- *Öffentliche Förderprogramme des Bundes und der Länder*

Bedürfnisebene Steuern:

Bei dieser Ebene geht es darum, die beabsichtigten Investitionen unter steuerlichen Aspekten zu betrachten bzw. bestimmte Investitionen eben aus diesem Grunde zu tätigen. Ziel ist es, dass zu versteuernde Einkommen bzw. den steuerlichen Gewinn zu reduzieren und somit eine Einsparung von Einkommensteuer bzw. Körperschaftssteuer zu erreichen. Diese Steuerersparnis kann im Betrieb bzw. in der Privatsphäre wieder neu investiert bzw. konsumiert werden.

Lösungsansätze für die Bedürfnisebene Steuern

- *Ausnutzung steuerlicher Vorteile zur Reduzierung des monatlichen Aufwands (Eigenheimzulage, Verluste aus Vermietung und Verpachtung)*
- *Anlage der Steuervorteile in Bausparverträge, Versicherungen etc. um so die Tilgung des Darlehens darzustellen*

Die Bedürfnisebenen Geldverkehr, Freizeit, Beruf, Erben und Vererben sind auf Grund ihrer allgemeinen Bedeutung Bestandteil des Privatkundengeschäftes und spielen im Immobiliengeschäft nur eine untergeordnete Rolle.

In jedem Prüfungsfall ist zumindest eine Bedürfnisebene durch den Fall selbst vorgegeben. Wichtig ist es, zu erkennen, welche weiteren Ebenen mit der vorgegebenen Ebene verwandt sind, um weitere Cross-Selling-Potenziale zu nutzen.
In den folgenden Fällen wird Ihnen zur Cross-Selling-Unterstützung immer die folgende Tabelle als Hilfe zur Verfügung gestellt. Dabei ist die obere Ebene immer die Ausgangsebene, die durch den Fall vorgegeben wird. Darunter finden Sie zwei verwandte Ebenen, die in der Informationsphase relativ leicht vernetzt werden

können. Unter der jeweiligen verwandten Ebene finden Sie noch einen Formulierungsvorschlag, um die entsprechende Vernetzung herzustellen.

Für den Fall, dass der Prüfer Ihren ersten Ansatz verwerfen sollte, haben Sie noch immer eine Ausweichmöglichkeit, um den Zusatzverkauf zu platzieren. Auf mehr als zwei verwandte Ebenen sollten Sie aus Zeitgründen in Ihrer Prüfung nicht eingehen.

Durch den Fall vorgegebene Ebene

- W-Frage 1, die sich aus dem konkreten Fall bereits ergibt.
- W-Frage 2, die sich aus dem konkreten Fall bereits ergibt.
- ...

Verwandte Ebene 1	Verwandte Ebene 2
W-Frage bzw. Formulierung, die einen Zusatzverkauf ermöglichen kann.	W-Frage bzw. Formulierung, die einen Zusatzverkauf ermöglichen kann.

Wichtiger Hinweis zu den nachfolgenden Fällen im Immobiliengeschäft:

Am 01.08.2006 ist die für Pfandbriefbanken verbindlich geltende Beleihungswertermittlungsverordnung (BelWertV) in Kraft getreten. In dieser Verordnung werden in 4 Teilen die wesentlichsten Parameter zur Ermittlung des Beleihungswertes der unterschiedlichsten Immobilien definiert. Dabei wurde auf die bisherigen Erfahrungen in der Kreditwirtschaft zur Beleihungswertermittlung zurückgegriffen. Ebenfalls erfolgte eine Orientierung an der WertV. Die bisherigen Wertermittlungsrichtlinien der Pfandbriefbanken sind ab dem Zeitpunkt der Gültigkeit der Verordnung ausser Kraft gesetzt.

Obwohl wegen fehlender Allgemeingültigkeit der BelWertV diese für andere Kreditinstitutsarten nicht verbindlich gelten, ist davon auszugehen, dass sich die wesentlichsten Elemente, gerade hinsichtlich der Wertermittlungsverfahren, auch in den einzelnen Wertermittlungsrichtlinien niederschlagen werden. Dies hat den Grund, dass sich bestimmte §§ des KWG sowie der SolvV und der GroMiKV auf die §§ 14 und 16 PfandBG beziehen und somit die einzelnen Wertermittlungsrichtlinien den Anforderungen des PfandBG entsprechen müssen, um für Realkredite bestimmte Erleichterungen nutzen zu können.

In diesem Zusammenhang wird in den folgenden Fällen davon ausgegangen, dass die Beleihungswertermittlung anhand der Vorschriften der BelWertV erfolgt, die institutsinternen Wertermittlungsrichtlinien also der BelWertV entsprechen.

6. Prüfungsfälle Immobiliengeschäft

Diejenigen unter Ihnen, die als Wahlpflichtfach Immobiliengeschäft gewählt haben, werden nun mit möglichen Prüfungsfällen konfrontiert. In Fällen, in denen auch Parallelen zu anderen Disziplinen bestehen, weisen wir Sie jeweils besonders darauf hin.

6.1 Finanzierung einer Eigentumswohnung als Renditeobjekt

Situation

Ihr Kunde Max Meier vereinbart mit Ihnen einen Termin. In einem Telefonat erzählt er Ihnen, dass er eine Eigentumswohnung als Kapitalanlage erwerben möchte. Ferner teilt er Ihnen zu seinem Objekt folgende Sachverhalte mit:

Kaufpreis:	110.000 EUR - im Kaufpreis ist der Grundstücksanteil von 10.000 EUR enthalten, Übergang Nutzen und Lasten 01.08.2007; Baujahr 2007
Größe:	100 qm verteilt auf 3 Zimmer – eine Eigennutzung ist problemlos möglich
Mieteinnahmen erwartet:	5 EUR / qm Netto-Kaltmiete
umlegbare Nebenkosten:	2 EUR / qm
nicht umlegbare Nebenkosten:	1 EUR / qm – davon 0,5 EUR Instandhaltungsrücklage
Eigenmitteleinsatz:	20.500,00 EUR aus Sparguthaben

Im Rahmen des Kundengesprächs erhalten Sie noch folgende Informationen:

Nettoeinkommen:	2.288,06 EUR; gezahlte Lohnsteuer bei Steuerklasse I 1.347,94 EUR incl. Solidaritätszuschlag und Kirchensteuer
Zu versteuerndes Einkommen 2006:	51.043,00 EUR
Zu versteuerndes Einkommen 2007 erwartet:	51.043,00 EUR
Vermögenswerte – ohne die eingesetzten liquiden Mittel:	55.000,00 EUR
Verbindlichkeiten:	keine
Mietzahlung für genutzte Mietwohnung:	450,00 EUR (incl. Nebenkosten)
Versicherungsaufwendungen für die Altersvorsorge:	keine
Lebenshaltungskosten:	760,00 EUR vom Kunden angesetzt
Familienstand:	ledig
Kinder:	keine
Alter:	35

Da die vorhandenen Eigenmittel zur vollständigen Finanzierung nicht ausreichen, sind Kreditmittel erforderlich, damit die Finanzierung geschlossen ist.

Orientierungshinweise

Aspekte des Immobiliengeschäfts:

1. Ermitteln Sie, ob dem Kreditwunsch entsprochen werden kann. Gehen Sie dabei auf den Beleihungswert, die Beleihungsgrenze und die Bonitätssituation ein. Erläutern Sie ferner, welche Unterlagen Sie für diese Entscheidung benötigen.
2. Erarbeiten Sie dem Kunden ein Finanzierungskonzept, wenn Sie bei der Frage zu 1 zu einem positiven Ergebnis gekommen sind. Maximale Laufzeit des Darlehens soll 25 Jahre betragen. Berücksichtigen Sie dabei auch die steuerlichen Vorteile dieser Investition.

Bankbetriebswirtschaftliche Aspekte:

3. Erläutern Sie, wie die Kreditkondition für das beantragte Darlehen ermittelt werden kann.

Informationsphase

Immobilie, Finanzierung

- Welche sonstigen Ausgaben fallen bei Ihnen noch an?
- Wie wichtig ist ein möglicher Steuervorteil für Sie?
- Wie setzen sich Ihre anderen Vermögenswerte zusammen?
- Haben Sie das Objekt von einem Makler erworben? Wie hoch ist in diesem Fall die Maklercourtage?
- Wie hoch sind Ihre laufenden Ausgaben für den Lebensunterhalt (Kleidung, Auto etc.)?
- Wie hoch darf die monatliche Belastung aus der (Fremd-) Finanzierung sein?
- Was ist Ihnen beim Aufbau der Finanzierung besonders wichtig?

Absicherung, Vorsorge

Was haben Sie schon zur Absicherung Ihrer persönlichen Arbeitskraft getan?

Steuern

Was halten Sie davon, wenn wir Ihre Immobilieninvestition besonders steueroptimal finanzieren?

Lösungsansätze Immobiliengeschäft

1. **Ermitteln Sie, ob dem Kreditwunsch entsprochen werden kann. Gehen Sie dabei auf den Beleihungswert, die Beleihungsgrenze und die Bonitätssituation ein. Erläutern Sie ferner, welche Unterlagen Sie für diese Entscheidung benötigen.**

Die größte Herausforderung ist es, im Kundengespräch die notwendigen Informationen für die Kreditentscheidung zu bekommen. Wie bereits in diesem Buch angesprochen steht der vertriebsorientierte Ansatz im Beratungsgespräch oder besser ausgedrückt im Verkaufsgespräch im Vordergrund. Um mit dem Kunden auf eine Beziehungsebene zu kommen bzw. zu bleiben, ist es erforderlich, dass diese Informationen kundenorientiert erfragt werden, damit der Kunde sich nicht aus- und abgefragt fühlt. In der heutigen Zeit geht es nicht mehr darum, dass Kredite gewährt werden – sondern sie müssen aktiv verkauft werden. Diesen Aspekt kann der Berater nur durch gezielte Fragetechniken erfassen.

Wichtig ist es auch, dass der Berater in der Praxis rasch erkennt, ob ein intensives Gespräch sinnvoll ist. Insofern sollte vor Erarbeitung des Finanzierungsvorschlages eine Basis für die Kreditentscheidung (Vorabcheck) in der Informationsphase erfolgen.

Bei einer Kreditentscheidung sind folgende Aspekte von besonderer Bedeutung:

Aspekt	Zentrale Fragestellungen	Erläuterungen	Unterlagen bzw. Nachweise
Kreditfähigkeit	Ist der Kreditnehmer in der Lage rechtswirksam Kreditverträge abzuschließen?	➢ Natürliche Personen, die voll geschäftsfähig sind ➢ Juritische Personen des privaten und öffentlichen Rechts sowie Personenhandelsgesellschaften sind grundsätzlich kreditfähig	Nachweis z.B. durch ➢ Personalausweis ➢ Registerauszüge
persönliche Kreditwürdigkeit	Ist der Kreditnehmer auf Grund seiner bisherigen Verhaltensweise zuverlässig, sodass die Bank die Rückzahlung des Kredites unterstellen kann?		Nachweis z.B. durch ➢ bisherige Kontoverbindung ➢ berufliche und fachliche Qualifikation
materielle Kreditwürdigkeit	Ist der Kreditnehmer auf Grund seiner wirtschaftlichen Verhältnisse in der Lage den oder die Kredite zurückzuzahlen?	Es werden u.a. folgende Punkte analysiert: **Privatpersonen:** ➢ Einkommensverhältnisse ➢ Vermögenssituation **Unternehmen:** ➢ Ertragslage ➢ Liquiditätslage ➢ Vermögens- und Kapitalstruktur	Benötige Unterlagen - eine Auswahl -: ➢ Selbstauskunft ➢ aktuelle Gehaltsnachweise ➢ Einkommensteuerklärungen und –bescheide ➢ Nachweise über Vermögenswerte ➢ Bilanzen ➢ GuV-Rechnungen ➢ Betriebswirtschaftliche Auswertungen ➢ Lageberichte und Anhänge ➢ Auftragsbestände

Aspekt	Zentrale Fragestellungen	Erläuterungen	Unterlagen bzw. Nachweise
Sicherheiten	Welche Sicherheiten leisten im Falle der Nichtrückzahlung des Kredites eine entsprechende Deckungsmasse für die zwangsweise Rückführung? Wie werthaltig ist die jeweilige Sicherheit? Hier sind die Fragen zum Sicherungswert von Bedeutung. Anhand der jeweiligen Sicherungswerte werden mögliche Blankoanteile ermittelt.	Es gibt diverse Arten an Sicherheiten. Im Immobiliengeschäft häufig anzutreffen sind die: ➢ Grundschulden (Brief oder – Buchgrundschulden) ➢ Abtretung bzw. Verpfändung von Guthaben, Versicherungen etc. als Zusatz bzw. – Ersatzsicherheiten Zentrale Größen bei der Sicherheitenbewertung sind: ***Beleihungswert und die daraus abgeleitete Beleihungsgrenze.***	Notwendige Unterlagen für die Sicherheitenbewertung: **Grundschulden:** komplette Objektunterlagen wie z.B. ➢ Baubeschreibung ➢ Berechnung der Wohnflächen und des umbauten Raumes ➢ Lageplan ➢ Grundbuchauszug **Abtretung bzw. Verpfändung von Guthaben, Versicherungen etc.:** ➢ Policen mit Bestätigung des Rückkaufswertes ➢ Kontoauszüge

Im Rahmen der Kreditentscheidung sind die obigen Aspekte zu prüfen und zu bewerten. Insgesamt ergibt sich ein Gesamtbild, welches zu einer positiven oder negativen Kreditentscheidung führt.

Häufig werden diese Erkenntnisse in einem Scoringsystem oder einer Risikoklassifizierung verarbeitet. Am Ende dieses Prozesses wird dann ein entsprechender Wert dargestellt, der zu einer Kreditentscheidung und vor allem zu einer individuellen Konditionsgestaltung führt.

Jedes Institut entwickelt dabei ein eigenes System zur Kreditbewertung. Einen einheitlichen Standard gibt es nur, wenn Verbände ein übergreifendes Scoringsystem entwickeln. Dies ist z.B. im Genossenschaftssektor der Fall.

Im Rahmen der Kreditentscheidung bei einer Immobilienfinanzierung werden an dieser Stelle folgende Größen berücksichtigt, die auch in ein mögliches Rating einfließen können:

- Liquiditätsüberschuss (Einnahmen abzgl. Ausgaben) ggf. in % zu den Einnahmen dargestellt.
- Vermögensüberschuss (Vermögen abzgl. Verbindlichkeiten) ggf. in % zu dem Vermögen ausgedrückt.
- Höhe des Blankoanteils (Darlehen abzgl. Sicherheitenwerte).
- Berücksichtigung weiterer Kriterien zu den wirtschaftlichen und persönlichen Verhältnissen – z.B. Beschäftigungsdauer des Kreditnehmers, Schufa-Auskunft, Büroauskunft zur Abrundung der obigen Punkte.

Die Kreditfähigkeit und persönliche Kreditwürdigkeit des Herrn Meier wird hier unterstellt.

Prüfung der materiellen Kreditwürdigkeit (Vorabcheck in der Informationsphase des Kundengesprächs):

Liquiditätsrechnung:

> Bei der Liquiditätsberechnung wird häufig mit Ausgabenpauschalen gearbeitet. In diesem Fall betragen z.B. die Lebenshaltungskosten 1.000 EUR, an Bewirtschaftungskosten (u.a. für Mietausfall, Instandsetzung, Verwaltung), die beim Eigentümer verbleiben werden 25% pauschal (mind. jedoch die tatsächlich anfallenden, nicht umlegbaren Nebenkosten) angesetzt. Es gibt jedoch je Institut unterschiedliche Ansätze, sodass es auch zu anderen Werten kommen kann.

Nettoeinkommen:	2.288,06 EUR
abzgl. Miete:	450,00 EUR
abzgl. Lebenshaltungskosten:	1.000,00 EUR
Überschuss vor Fremdfinanzierung:	**838,06 EUR**

Um die Fremdfinanzierungskosten zu ermitteln, ist es zunächst nötig, den benötigten Kreditbetrag zu ermitteln:

Kaufpreis:	110.000,00 EUR
Erwerbsnebenkosten: Grunderwerbssteuer 3,5%:	3.850,00 EUR
Notar 1,5% (Abschluss Kaufvertrag):	1.650,00 EUR
Investitionskosten:	**115.500,00 EUR**
abzgl. eingesetztes Eigenkapital:	20.500,00 EUR
Mit Kreditmitteln zu finanzierender Betrag:	**95.000,00 EUR**

Berücksichtigung der Fremdfinanzierungskosten im Rahmen des Vorabchecks:

Mieteinnahmen:	500,00 EUR
abzgl. beim Eigentümer verbleibende Bewirtschaftungskosten (mind. 25% der Netto-Kaltmiete oder nicht umlegbare Nebenkosten):	125,00 EUR
abzgl. Fremdfinanzierungskosten (Zins und Tilgung): (an dieser Stelle des Gesprächs mit 5,5% nom. und 1,5% Tilgung angesetzt)	554,17 EUR
Nettoaufwand aus dieser Fremdfinanzierung:	**179,17 EUR**

Überschuss vor Fremdfinanzierung:	838,06 EUR
abzgl. Nettoaufwand aus der Fremdfinanzierung:	179,17 EUR
Liquiditätsüberschuss:	**658,89 EUR**

Der Liquiditätsüberschuss beträgt 658,89 EUR oder 28,80% des Nettoeinkommens. Er kann als gut bezeichnet werden.

Vermögensrechnung:

Vermögen ohne Immobilie:	55.000,00 EUR
Immobilie neu:	110.000,00 EUR
Summe Vermögen:	165.000,00 EUR
Verbindlichkeiten aus der Finanzierung:	95.000,00 EUR
Vermögensüberschuss:	**70.000,00 EUR**

Der Vermögensüberschuss beträgt 70.000 EUR oder 42,42 % des Vermögens. Er kann als gut bezeichnet werden.

Der Ansatz der Immobilie erfolgte an dieser Stelle zum Kaufpreis. Es wird unterstellt, dass der Kaufpreis auf Grund der Lage und Ausstattung angemessen ist.

Bewertung der Sicherheiten (Vorabcheck in der Informationsphase des Kundengesprächs):

An dieser Stelle wird geprüft, welche Sicherheiten zur Verfügung stehen und mit welchem Wert sie angesetzt, also bewertet werden können.
Zunächst bietet es sich an, dass eine Grundschuld in Höhe der Kreditsumme eingetragen wird. Eventuell sind noch Zusatzsicherheiten zu bringen, wenn der Blankoanteil zu hoch erscheinen sollte.

Wie schon dargestellt fällt der Sicherheitenbewertung eine große Bedeutung zu. Dabei gibt es zwei zentrale Größen:

- Beleihungswert
- Beleihungsgrenze

Der Beleihungswert bildet die Basis für die Sicherheitenbewertung. Die Beleihungsgrenze drückt den %-Satz vom Beleihungswert aus, in dem der Kredit incl. möglicher Vorlasten als abgesichert gilt. Er beträgt in der Regel 80% bzw. 60% beim Realkreditanteil.

Für die Ermittlung des Beleihungswertes gibt es grundsätzlich drei Verfahren, die sich wie folgt beschreiben lassen und in den jeweiligen Wertermittlungsrichtlinien der Kreditinstitute im Detail definiert werden.

Dabei erfolgt die Orientierung im Folgenden anhand den Vorgaben der BelWertV.

Bei den 3 Verfahren handelt es sich um:

- Sachwertverfahren,
- Ertragswertverfahren und
- Vergleichswertverfahren.

Grundsätzlich soll der Beleihungswert anhand des Ertragswertes und des Sachwertes ermittelt werden. Diese beiden Werte sind getrennt voneinander zu ermitteln. Bei größeren Differenzen zwischen den jeweiligen Werten sind Anpassungen vorzunehmen. Der Vergleichswert ist bei Wohnungs- und Teileigentum ergänzend zu ermitteln. Es sind jedoch folgende Besonderheiten im Detail zu berücksichtigen:

- Bei Ein- und Zweifamilienhäuser sowie Eigentumswohnungen, wenn das Objekt zweifelsfrei auch zur Eigennutzung geeignet ist und bei gewöhnlicher Marktentwicklung auch von potenziellen Eigentümern für die eigene Nutzung dauerhaft nachgefragt wird, kann der Beleihungswert anhand des Sachwertverfahrens ermittelt werden. Der Ertragswert braucht dann nicht ermittelt werden. Ebenfalls ist eine Ermittlung des Beleihungswertes anhand des Vergleichswertes möglich. Der Sachwert und der Ertragswert brauchen dann nicht ermittelt werden. Da die Findung eines Vergleichswertes bei Ein- und Zweifamilienhäusern jedoch schwierig werden dürfte, scheint bei diesen Immobilienarten das Sachwertverfahren die häufigste Anwendungsform darzustellen.

Daraus folgt, dass bei folgenden Objekten die nachfolgenden Wertermittlungsverfahren angewendet werden:

Einfamilienhaus:
- Sachwertverfahren bzw. Vergleichswertverfahren

Eigentumswohnung:
- Vergleichswertverfahren (wenn Eigennutzung möglich)

Mehrfamilienhaus:
- Ertragswertverfahren und Sachwertverfahren

Baugrundstück:
- Vergleichswertverfahren

Gewerblich genutztes Objekt:
- Ertragswertverfahren und Sachwertverfahren

Die einzelnen Verfahren lassen sich wie folgt beschreiben:

Sachwertverfahren	
Beschreibung	Es stehen die angemessenen Herstellungskosten als Basis für die Wertermittlung zur Verfügung. Der Sachwert setzt sich aus dem Bau- und Bodenwert zusammen.
Verfahren	Basis für den Bauwert bilden die angemessenen Herstellungskosten je qm bzw. cbm umb. Raum von denen ein Sicherheitsabschlag in Höhe von mind. 10% vorgenommen wird. Bei Altbauten wird noch die Gebäudeabschreibung berücksichtigt. Außenanlagen dürfen zu max. 5% und Baunebenkosten zu max. 20% des um den Sicherheitsabschlag reduzierten Herstellungswert berücksichtigt werden.

Vergleichswertverfahren	
Beschreibung	Zur Ermittlung des Vergleichswertes sind nachhaltig am Markt erzielbare Vergleichspreise für hinsichtlich Ausstattung, Lage etc. mit dem Beleihungsobjekt identische Objekte anzusetzen. Marktdatensammlungen oder Kaufpreissammlungen werden hierfür verwendet.
Verfahren	Es ist vom so ermittelten Wert ein Sicherheitsabschlag von mind. 10% vorzunehmen. Bei Eigentumswohnungen erfolgt die Ermittlung des Vergleichswertes anhand des Vergleichswertes je qm Wohnfläche.

Ertragswertverfahren	
Beschreibung	Der Ertragswert wird anhand der nachhaltig erzielbaren Mieterträge durch deren Kapitalisierung ermittelt. Dabei setzt sich der Ertragswert aus dem Gebäudeertragswert und dem Bodenwert zusammen und orientiert sich stark an dem Verfahren der WertV.
Verfahren	Der Ertragswert wird wie folgt ermittelt: *Rohertrag p.a. (Basis: Netto-Kaltmieten)* abzgl. beim Eigentümer verbleibende Bewirtschaftungskosten (mind. 15%) ——— *Reinertrag p.a.* abzgl. Bodenwertverzinsung ——— *ermäßigter Reinertrag p.a.* x Kapitalisierungsfaktor/Vervielfältiger → Gebäudeertragswert zzgl. Bodenwert → **Ertragswert** **Anhand der Anlagen der BelWertV können die Kapitalisierungsfaktoren entnommen werden. Sie orientieren sich anhand der Restnutzungsdauer des Gebäudes.**

Neben dem Beleihungswert, der den dauerhaften Wert einer Immobilie aus Banksicht darstellt, ist der Verkehrswert oder Marktwert von Bedeutung.

> Gem. § 154 BauG wird der Verkehrswert als der Wert bestimmt, der zum Zeitpunkt der Ermittlung im gewöhnlichen Geschäftsverkehr ohne Rücksicht auf ungewöhnliche oder persönliche Verhältnisse zu erzielen wäre.

Der Beleihungswert darf nie höher als der Verkehrswert oder Marktwert sein.

Der Beleihungswert der Eigentumswohnung in diesem Fall kann wie folgt anhand des Vergleichswertverfahrens ermittelt werden:

Aus der Datensammlung kann entnommen werden, dass für Wohnungen mit vergleichbaren Parametern hinsichtlich Ausstattung und Lage 1.100,00 € je qm Wohnfläche gezahlt werden. Der Kaufpreis ist also marktüblich und nicht überteuert.

100 qm Wohnfläche x 1.100,00 €	=	110.000,00 €
- Sicherheitsabschlag 10%	=	11.000,00 €
Vergleichswert	=	99.000,00 €

Der Beleihungswert beträgt 99.000,00 €. Bei einer Beleihungsgrenze von 80% ergibt sich für eine mögliche Grundschuld ein Sicherheitenwert von 79.200,00 €. Bei einem Darlehen von 95.000,00 € entsteht somit ein Blankoanteil von 15.800,00 €.

Fazit anhand des Vorabchecks:

Der Blankoanteil kann bei dem Liquiditäts- und Vermögensüberschuss vertreten und damit dem Kreditwunsch wahrscheinlich entsprochen werden. Es ist also sinnvoll, das Gespräch mit dem Kunden durch Erarbeitung eines Finanzierungskonzeptes abzuschließen.

Praktische Umsetzung des obigen Entscheidungsprozesses im Kundengespräch:

Wie schon dargestellt, ist es wichtig, im Kundengespräch nicht zu „forsch" vorzugehen und rasch zu erkennen, ob eine weitere intensive Beratung sinnvoll ist.

Dazu bietet sich zusammenfassend zu den obigen Ausführungen während der Informationsphase folgende Vorgehensweise an:

a) Gesamtkosten der Investition ermitteln

⇒ Basis für die Ermittlung des Beleihungswertes sowie der Finanzierungssumme.

b) Vermögenswerte und Verbindlichkeiten erfragen

⇒ Ermittlung der einzusetzenden Eigenmittel
⇒ Bestimmung eines Vermögensüberhanges

c) Sparfähigkeit bzw. mtl. Einkommen und Ausgaben erfragen

   Basis für die Bonitätsprüfung

d) Fremdfinanzierungssumme ermitteln

   Zur Bestimmung eines möglichen Blankoanteils sowie zur Ermittlung des Kapitaldienstes

e) Klärung, ob der Kapitaldienst getragen werden kann

   Anhand überschlägiger Rechnung wie in der o.g. Lösung

2. Erarbeiten Sie dem Kunden ein Finanzierungskonzept, wenn Sie bei der Frage zu 1 zu einem positiven Ergebnis gekommen sind. Maximale Laufzeit des Darlehens soll 25 Jahre betragen. Berücksichtigen Sie dabei auch die steuerlichen Vorteile dieser Investition.

Nachdem die obigen Fragen im Vorabcheck geklärt wurden, ist es nun erforderlich, einen konkreten Finanzierungsvorschlag zu erstellen. Unter Berücksichtigung der Eigenmittel ergibt sich, wie oben schon dargestellt ein Fremdfinanzierungsbedarf von 95.000,00 Euro.

Bei der Erstellung eines Finanzierungsvorschlages kommt es grundsätzlich auf folgende Fragestellungen an:

- Wird das Finanzierungsobjekt eigengenutzt oder vermietet?
- Welche Erwartungen hat der Kunde hinsichtlich möglicher Zinsänderungen und Laufzeit des Darlehens?
- Welche Darlehenskonditionen können anhand Bonität und Beleihungsauslauf angeboten werden?

Daraus abgeleitet gibt es grundsätzlich folgende Möglichkeiten der Tilgung von Baudarlehen:

Art	**Tilgungsdarlehen**	**Annuitätendarlehen**	**Endfälliges Darlehen**
Beschreibung	Die Zinsleistung reduziert sich entsprechend des getilgten Kapitals. Der Kapitaldienst setzt sich aus einem gleich bleibenden Tilgungsbetrag und der Zinszahlung zusammen. Der Kapitaldienst sinkt also mit zunehmender Laufzeit.	Es wird ein fester Kapitaldienst vereinbart, der aus einem anfänglichen Tilgungssatz und dem Zinssatz besteht. Die Annuität bleibt bis zum Ende der Zinsfestschreibung gleich. Die Zinsbelastung reduziert sich im Laufe der Zeit, der Tilgungsanteil in der Rate steigt.	Es werden lediglich die Zinsen an die Bank gezahlt. Die Zinszahlung bleibt bis zum Ende der Zinsfestschreibung gleich. Parallel wird ein Tilgungsersatz bespart, der zum Ende der Laufzeit das komplette Darlehen tilgen soll. Durch die gleich bleibende Zinslast können möglicherweise Steuervorteile realisiert werden. Als Tilgungsersatz eignen sich z.B. ➢ Bausparverträge ➢ Kapitallebensversicherungen ➢ Rentenversicherungen ➢ Fondsparpläne Bei diesen Instrumenten ist jedoch kritisch die Ablaufleistung zu prüfen. In der Regel können Wertentwicklungen von 6-6,5% vertreten werden. Lediglich bei der Besparung von Bausparverträgen ist auf die voraussichtliche Zuteilung zu achten. Bei Versicherungen als Tilgungsersatz sind die Folgen hinsichtlich der Besteuerung gem. Alterseinkünftegesetz zu beachten.

Da die Immobilie des Herrn Meier als Kapitalanlage genutzt werden soll, ist es grundsätzlich aus steuerlichen Gründen interessant, das Darlehen endfällig zu stellen. Somit bleibt ihm ein gleich bleibender Schuldzinsenblock, der als Werbungskosten geltend gemacht werden kann. Voraussetzung hierfür ist ein entsprechendes zu versteuerndes Einkommen. Mit dem vorhandenen zu versteuernden Einkommen erfüllt der Kunde die grundsätzlichen Kriterien für einen Kapitalanleger.

Vorschlag für ein endfälliges Darlehen:

Darlehensbetrag:	95.000,00 EUR
Zinssatz: (Wertermittlungsgebühr 1% wird aus zusätzlichen EK getragen)	5,20 % nom. 5,33% effektiv
Zinsbindung:	10 Jahre
Tilgungsersatz über einen Fondssparplan (Europäische Aktien) Laufzeit:	25 Jahre
Ablaufleistung bei Wertentwicklung von 5,5%:	ca. 96.452,35 EUR
mtl. Aufwand für den Fondssparplan (2,02% vom Darlehen):	160,00 EUR

Damit wurde dem Kundenwunsch hinsichtlich der Laufzeit entsprochen. Die monatliche Gesamtbelastung setzt sich wie folgt zusammen:

Zinszahlung:	411,67 EUR
Fondssparplan:	160,00 EUR
Summe:	**571,67 EUR**

Bei dieser nun detaillierten Aufstellung und Festlegung des Kapitaldienstes kann die endgültige Kapitaldienstberechnung fertig gestellt werden:

Mieteinnahmen:	500,00 EUR
abzgl. beim Eigentümer verbleibende Bewirtschaftungskosten (mind. 25% der Netto-Kaltmiete oder nicht umlegbare Nebenkosten):	125,00 EUR
abzgl. Fremdfinanzierungskosten (Zins und Tilgungsersatz):	571,67 EUR
Nettoaufwand aus dieser Fremdfinanzierung:	**196,67 EUR**

Überschuss vor Fremdfinanzierung:	838,06 EUR
abzgl. Nettoaufwand aus der Fremdfinanzierung:	196,67 EUR
Überschuss nach Fremdfinanzierung:	**641,39 EUR**

Der Überschuss nach Fremdfinanzierung hat sich nun durch die endgültige Feststellung reduziert. Er beträgt nun 28,03% vor der Berücksichtigung von möglichen Steuervorteilen. Auch dieser im Vergleich zum Vorabcheck geringer gewordene Überschuss ändert nichts an der möglichen Kreditgewährung.

Die steuerlichen Vorteile aus dieser Investition lassen sich wie folgt ermitteln:

	Netto-Kaltmiete
+	Einnahmen aus Umlagen
+	sonstige Einnahmen (z.B. Garagen, Werbeflächen etc.)
=	**Summe der Einnahmen aus Vermietung und Verpachtung**
	Schuldzinsen
+	Erhaltungsaufwand
+	sonstige Werbungskosten (z.B. Grundsteuer, Müllabfuhr, Heizung etc.)
+	Absetzung für Abnutzung (Abschreibungen) z.B. planmäßige AfA (linear oder degressiv) Abschreibungen für Aus- und Umbauten (Sanierungsmaßnahmen und Baudenkmale gem. § 7 h und i EStG)
- =	**Summe Werbungskosten**
=	**Einkünfte aus Vermietung und Verpachtung**

Negative Einkünfte aus Vermietung und Verpachtung können mit positiven Einkünften unbeschränkt verrechnet werden und somit zu einer Steuerentlastung führen.

Besonders von Bedeutung sind noch die Abschreibungsarten, die nachfolgend für Mietwohnungen (auch Mehrfamilienhäuser) dargestellt werden. Dabei wurde sich auf die derzeit geltenden Regelungen beschränkt:

Gesetzliche Grundlage	**lineare Abschreibung gem. § 7 Abs.4 EStG**	**degressive Abschreibung gem. § 7 Abs. 5 Satz 1 Nr. 3c EStG**	**Sanierungsmaßnahmen gem. § 7h Abs. 1 EStG**	**Baudenkmale gem. § 7i Abs. 1 EStG**
Höhe	2% für Gebäude, die nach dem 31.12.1924 fertig gestellt worden sind	10 Jahre 4% 08 Jahre 2,5% 32 Jahre 1,25%	8 Jahre 9% 4 Jahre 7% wenn die Modernisierungs- bzw. Instandsetzungsmaßnahmen nach dem 31.12.2003 begonnen worden sind	8 Jahre 9% 4 Jahre 7% wenn die Modernisierungs- bzw. Instandsetzungsmaßnahmen nach dem 31.12.2003 begonnen worden sind
Besonderheiten		für Gebäude bei denen der Bauantrag bzw. der Kaufvertrag nach dem 31.12.2003 und vor dem 1.1.2006 gestellt bzw. geschlossen wurde	Objekt muss in einem Sanierungs- bzw. Entwicklungsgebiet liegen. Die Vorlage einer Bescheinigung der zuständigen Gemeindebehörde ist erforderlich.	Objekt muss ein Baudenkmal sein. Maßnahmen müssen dazu dienen, dass das Baudenkmal erhalten wird bzw. sinnvoll genutzt werden kann. Die Vorlage einer Bescheinigung vom Denkmalamt ist erforderlich.

Bemessungsgrundlage für die Abschreibungsbeträge sind immer die Anschaffungskosten bzw. Herstellungskosten oder Sanierungskosten des Gebäudes. Das Grundstück wird nie mit berücksichtigt. Die Bemessungsgrundlage in diesem Fall berechnet sich wie folgt:

Gebäudeanteil	100.000,00 EUR
Erwerbsnebenkosten anteilig auf den Gebäudeanteil berechnet (90,10%)	5.000,00 EUR (aufgerundet)
Bemessungsgrundlage	**105.000,00 EUR**

Anhand der obigen Informationen lässt sich die steuerliche Auswirkung der Investition des Kunden Meier für das Jahr 2007 wie folgt betrachten:

	Mieteinnahmen	2.500,00 EUR
+	umlagefähige Nebenkosten:	1.000,00 EUR
=	**Summe Einnahmen**	**3.500,00 EUR**
	AfA linear 2% (für 5 Monate)	875,00 EUR
+	sonstige Werbungskosten (Wertermittlungsgebühr und tatsächliche Nebenkosten ex. Instandhaltungsrücklage 0,5 EUR/qm):	2.200,00 EUR
+	Schuldzinsen (Valutierung am 01.08.2007 = 149 Zinstage):	2.045,00 EUR
- =	**Werbungskosten**	**5.120,00 EUR**
=	**Einkünfte aus Vermietung und Verpachtung**	**-1.620,00 EUR**

Aus diesen negativen Einkünften aus Vermietung und Verpachtung kann die steuerliche Auswirkung für die nächsten Jahre dargestellt werden:

Jahr	Summe Ausgaben	Summe Einnahmen	Belastung vor Steuern	Erstattung Finanzamt	Belastung nach Steuern	Darlehensstand Jahresende
2007	3.345 EUR	2.500 EUR	845 EUR	751 EUR	94 EUR	95.000 EUR
2008	8.060 EUR	6.000 EUR	2.060 EUR	712 EUR	1.348 EUR	95.000 EUR
2009	8.060 EUR	6.000 EUR	2.060 EUR	712 EUR	1.348 EUR	95.000 EUR
2010	8.060 EUR	6.000 EUR	2.060 EUR	712 EUR	1.348 EUR	95.000 EUR
...						0 EUR
Summe:	**241.879 EUR**	**152.500 EUR**	**89.379 EUR**	**34.565 EUR**	**54.814 EUR**	

Das Darlehen wird im Jahr 2032 durch den Fondssparplan getilgt. Bei den obigen Werten sind noch folgende Informationen notwendig:

- In den Ausgaben sind alle Kosten (Prämie für den Tilgungsersatz, **nicht** umlegbare Nebenkosten, Zinsen) enthalten.
- In den Einnahmen sind die Netto-Kaltmieten enthalten. Die umlagefähigen Kosten wurden hier als durchlaufender Posten nicht berücksichtigt.
- Zinssatz nach Auslaufen der Zinsfestschreibung: 8%.
- Alle Angaben p.a.

Als Alternative zu dem endfälligen Darlehen soll nun ein Annuitätendarlehen betrachtet werden, welches die gleiche Laufzeit mit einer anfänglichen Tilgung von 1,395% erreicht.

Jahr	Summe Ausgaben	Summe Einnahmen	Belastung vor Steuern	Erstattung Finanzamt	Belastung nach Steuern	Darlehensstand Jahresende
2007	3.111 EUR	2.500 EUR	611 EUR	749 EUR	- 138 EUR	94.429 EUR
2008	7.465 EUR	6.000 EUR	1.465 EUR	685 EUR	780 EUR	93.041 EUR
2009	7.465 EUR	6.000 EUR	1.465 EUR	653 EUR	812 EUR	91.580 EUR
2010	7.465 EUR	6.000 EUR	1.465 EUR	619 EUR	846 EUR	90.040 EUR
...						0 EUR
Summe:	**226.400 EUR**	**152.500 EUR**	**73.900 EUR**	**7.764 EUR**	**66.137 EUR**	

Erläuterung zu den obigen Werten:

- In den Ausgaben sind alle Kosten (**nicht** umlegbare Nebenkosten, Annuität) enthalten.
- In den Einnahmen sind die Netto-Kaltmieten enthalten. Die umlagefähigen Kosten wurden hier als durchlaufender Posten nicht berücksichtigt.
- Zinssatz nach Auslaufen der Zinsfestschreibung: 8%.
- Alle Angaben p.a.

In diesem Beispiel wird besonders deutlich, dass sich das Annuitätendarlehen durch die ständig steigende Tilgung in der Annuität steuerlich nicht so günstig auswirkt wie ein endfälliges Darlehen.

Die Steuererstattung (bei der endfälligen Variante) ab dem 2. Jahr beträgt also 712 EUR p.a. bzw. 59,33 EUR mtl.

Die obigen Berechnungen sind im Kundengespräch nur mit einem Beratungsprogramm darstellbar. Es erwartet von Ihnen keiner, dass Sie in dem Situationsgespräch einen Tilgungsplan erstellen bzw. den Steuervorteil im Detail aufzeigen. Sie sollten jedoch die steuerlichen Auswirkungen bei Ihrem Finanzierungsvorschlag begründen können und dazu grob den Einkommensteuertarif kennen. Stellen Sie bitte auch immer heraus, dass es sich bei diesen Berechnungen um unverbindliche Berechnungen handelt.

Lösungsansätze Allgemeine Bankbetriebswirtschaft

3. Erläutern Sie, wie die Kreditkondition für das beantragte Darlehen ermittelt werden kann.

Basis bildet die Marktzinsmethode, die im Rahmen der Produktkalkulation mit der Standard-Einzelkostenrechnung verbunden wird. Nach dieser Systematik setzt sich eine Kreditkondition wie folgt zusammen:

	Geld- und Kapitalmarktzins
+	Bearbeitungskosten (Basis: Standard-Einzelkostenrechnung)
+	Risikokosten (Basis: Standard-Risikokostenrechnung)
+	Eigenkapitalverzinsung für das gebundene Eigenkapital
+	Marge (zur Deckung der Gemeinkosten und sowie als zusätzlicher Gewinnanspruch und als Verzinsung des ökonomischen Kapitals)
=	**Preisuntergrenze im Aktivgeschäft = Effektiver Jahreszins**

Mit welchen Fragen Sie noch rechnen müssen

- Abschluss des Darlehensvertrages – rechtliche Besonderheiten hierzu,
- Grundbuch und Fragen zur Abwicklung des Kaufvertrages,
- Fragen zur MABV sowie
- sonstige Tilgungsmodelle.

Spezielle verkäuferische Ansätze

- Zielorientierte Bestandsaufnahme des Kundenwunsches.
- Darstellung des Vorteils eines Tilgungsersatzes (hier Fondssparplan). Hier können Sie beispielsweise dem Kunden grafisch den Sachverhalt mit dem gleich bleibenden Schuldzinsenblock beim endfälligen Darlehen darstellen.
- Setzen Sie ebenfalls Schaubilder aus den Prospekten ein um die Erläuterung zu den Tilgungsmodellen zu visualisieren.
- Machen Sie sich die Notizen im Kundengespräch auf ein leeres Blatt Papier und geben es dem Kunden mit, wenn er Sie darauf anspricht – Man sollte nicht meinen, wie gut so etwas beim Kunden ankommt.
- Fassen Sie die Ergebnisse noch einmal mit dem Kunden zum Ende des Gesprächs zusammen, um bei der Vorbereitung der Kreditvorlage eine eindeutige Zustimmung des Kunden zu den Finanzierungsbausteinen zu haben.

Cross-Selling-Ansätze

Produkte zur Bedürfnisebene Absicherung, Vorsorge:

- Todesfallschutz (hier allerdings nur zur zusätzlichen Absicherung der Bank),
- Berufsunfähigkeitsversicherung.

Produkte zur Bedürfnisebene Steuern:

- Anlage der Steuerersparnis z.B. in einem Bausparvertrag – dieser kann auch anstatt des Fondssparplans als Tilgungsersatz gewählt werden, wenn anzunehmen ist, dass der steuerliche Effekt nach Zuteilung nicht mehr so wichtig ist. Dies wäre der Fall, wenn der Kunde dann schon im Rentenalter ist und insgesamt die steuerpflichtigen Einnahmen geringer sind.

6.2 Finanzierung eines Einfamilienhauses

Situation

Lutz Schuster, 35 Jahre alt, ist mit seiner Ehefrau Leonore Schuster schon seit 10 Jahren Kunde Ihres Hauses. Anhand des Kundenspiegels können Sie folgende Informationen über die Geschäftsbeziehung erkennen:

Girokonto Lutz Schuster:	Saldo: 14.300,00 EUR H (mtl. Gehaltseingang 2.300,00 EUR)
Girokonto Leonore Schuster:	Saldo: 2.300,00 EUR H (mtl. Gehaltseingang 1.400,00 EUR)
Sparbuch mit Kündigungsfrist 3 Monaten:	Saldo: 23.500,00 EUR H
Wertpapierdepot:	diverse Anleihen mit einem aktuellen Kurswert von 34.000,00 EUR
Lutz Schuster bekommt von seinem Vater noch folgenden Betrag zur Verfügung gestellt:	36.000,00 EUR

In einem Telefonat teilte Ihnen Herr Schuster, dass er und seine Frau von einem Bauträger eine Immobilie erwerben möchten. Aus diesem Grunde möchte er mit Ihnen einen persönlichen Gesprächstermin vereinbaren, um sich mit Ihnen über eine mögliche Finanzierung zu unterhalten.

Zur Vorbereitung auf das Gespräch hat er Ihnen folgende Kostenpositionen zusammengestellt, die er vom Bauträger bekommen hat.

Kaufpreis des Grundstücks (Größe 560 qm):	112.000,00 EUR (incl. Erschließung)
Kosten des Hauses (110 qm Wohnfläche, 600 cbm. umbauter Raum):	210.000,00 EUR (Komplettpreis incl. Architekt und Behördenkosten)
Außenanlagen:	20.000,00 EUR
Gesamtkosten laut Kaufvertrag:	**342.000,00 EUR**

Familie Schuster ist konservativ eingestellt und möchte die gesamte Fremdfinanzierung in 20 Jahren zurückgezahlt haben. Auf eine Absicherung im Todesfall von Herrn Schuster wird Wert gelegt. Es soll so wenig wie möglich Eigenkapital eingesetzt werden.

Aus der Kontoanalyse können Sie ferner erkennen, dass folgende Ausgaben regelmäßig monatlich abgebucht werden:

Miete:	450,00 EUR
private Krankenversicherung für Lutz Schuster:	300,00 EUR
Versicherung:	150,00 EUR

Aus der bisherigen Kundenbeziehung liegen Ihnen noch folgende Erkenntnisse vor:

- Es leben keine Kinder im Haushalt.
- Es sind keine weiteren Kredite vorhanden.
- Lutz und Leonore Schuster sind im gesetzlichen Güterstand verheiratet.
- Lutz Schuster ist Kfz-Meister bei BMW und dort seit dem 01.01.1990 beschäftigt.
- Leonore Schuster arbeitet seit 10.04.2000 im städtischen Krankenhaus.

Orientierungshinweise

Aspekte des Immobiliengeschäfts:

1. Ermitteln Sie die Gesamtkosten und erstellen Sie einen Finanzierungsvorschlag.
2. Erläutern Sie, ob die von Ihnen berechneten Darlehensmittel genehmigt werden können. Gehen Sie dabei auf die Prüfung der persönlichen und materiellen Kreditwürdigkeit ein und ermitteln den Beleihungswert sowie einen möglichen Blankoanteil.

Rechtliche Aspekte:

3. Erläutern Sie die Rechtsnatur des Darlehensvertrages.
4. Welche Sicherheiten bieten sich hier an?

Informationsphase

Immobilie, Finanzierung

- Welche sonstigen Ausgaben fallen bei Ihnen noch an?
- Wie wichtig ist die ertragsbringende Anlage der Eigenheimzulage für Sie?
- Wie setzen sich Ihre anderen Vermögenswerte zusammen?
- Haben Sie das Objekt von einem Makler erworben? Wie hoch ist in diesem Fall die Maklercourtage?
- Wie viel benötigen für ihre laufenden Ausgaben für Ihren Lebensunterhalt (Kleidung, Auto etc.)?
- Wie hoch darf die monatliche Belastung aus der Fremdfinanzierung sein?
- Was ist Ihnen beim Aufbau der Finanzierung besonders wichtig?

Absicherung, Vorsorge

Wenn jemand von Ihnen versterben sollte, was machen Sie dann mit den monatlichen Belastungen?

Sparen, Anlegen

Was halten Sie davon, wenn wir Ihre noch verbleibenden Vermögenswerte so anlegen, dass nach 10 Jahren ein Teil des Darlehens abgelöst werden kann?

Lösungsansätze Immobiliengeschäft

1. **Ermitteln Sie die Gesamtkosten und erstellen Sie einen Finanzierungsvorschlag.**

2. **Erläutern Sie, ob die von Ihnen berechneten Darlehensmittel genehmigt werden können. Gehen Sie dabei auf die Prüfung der persönlichen und materiellen Kreditwürdigkeit ein und ermitteln den Beleihungswert sowie einen möglichen Blankoanteil.**

Die obigen Fragen können in der Praxis am besten zusammen beantwortet werden. Wie schon im ersten Fall dargestellt, ist ein strukturiertes Vorgehen in der Kundenberatung sowie in der Vorbereitung zu diesem Gespräch nötig.

Es soll rasch erkannt werden, ob die gewünschte Finanzierung realisierbar ist oder nicht. Ebenfalls soll die Beziehungsebene zu Kunden gleich gestaltet werden. Insofern kommt es insgesamt auch wieder auf die Art der Fragestellung an.

Auch wenn durch das Telefonat mit dem Kunden die wichtigsten Parameter für den Finanzierungswunsch schon vorliegen, empfiehlt sich folgende Vorgehensweise in der Informationsphase, um eine Vorabentscheidung zu erhalten:

1. Gesamtkosten der Investition ermitteln

   ⇒ Basis für die Ermittlung des Beleihungswertes sowie der Finanzierungssumme.

2. Vermögenswerte und Verbindlichkeiten erfragen

   ⇒ Ermittlung der einzusetzenden Eigenmittel
   Bestimmung eines Vermögensüberhanges

3. Sparfähigkeit bzw. mtl. Einkommen und Ausgaben erfragen

   ⇒ Basis für die Bonitätsprüfung

4. Fremdfinanzierungsbetrag ermitteln

   ⇒ Zur Bestimmung eines möglichen Blankoanteils sowie zur Ermittlung des Kapitaldienstes

5. Klärung, ob der Kapitaldienst getragen werden kann

   ⇒ Anhand überschlägiger Rechnung

Nach diesem Vorabcheck kann dann der Finanzierungsvorschlag für den Kunden erarbeitet und nach dem Beratungsgespräch die eigentliche Kreditvorlage gefertigt werden.

Ermittlung der Gesamtkosten und Festlegung des Beleihungswertes:

Anhand der Ermittlung der Gesamtkosten kann parallel gleichzeitig der Beleihungswert ermittelt werden. Dazu werden die vom Kunden angegebenen Herstellungskosten auf ihre Angemessenheit geprüft. Sind die Werte angemessen, so werden sie in die Beleihungswertberechnung übernommen bzw. angepasst, wenn sie nicht angemessen sind.

Die Prüfung der Angemessenheit erfolgt i.d.R. über entsprechende Tabellen, bei denen je nach Ausstattung ein angemessener Betrag je cbm umbauter Raum bzw. qm Wohnfläche festgelegt wird. Eine solche Beleihungswerttabelle kann wie folgt aussehen:

Preisklasse	Bauklasse I	Bauklasse II	Bauklasse III
1a	180	230	270
1b	165	210	245
1c	155	200	230
2a	185	235	280
2b	170	220	260
2c	160	205	245
3a	210	250	280
3b	180	215	255
4	205	260	295

Die Bauklasse beschreibt die Ausstattung des Objektes und die Preisklasse die Lage des Objektes. Dabei kommt es z.B. darauf an, ob das Objekt in ländlichem Gebiet oder einer großen Stadt liegt. Die Werte je Bauklasse sind die angemessenen Kosten in EUR je cbm umbauter Raum.

Bei eigengenutzten Objekten wird i.d.R. das Sachwertverfahren zur Ermittlung des Beleihungswertes verwendet. Insofern kann man anhand nachfolgender Übersicht die Gesamtkosten und daraus abgeleitet den Beleihungswert ermitteln:

Tipp:

Zu den verschiedenen Wertermittlungsverfahren sowie zu der Thematik BelWertV sehen Sie sich bitte noch einmal die Ausführen beim Fall 6.1 sowie die Informationen im Einführungsteil an.

	Gesamtkostnermittlung	**Betrag für die Beleihungswertermittlung**	**Erläuterung**
Grundstückskosten	112.000,00 EUR	112.000,00 EUR	Wert erscheint anhand Bodenrichtwert angemessen
Kosten des Aufbaus			
Komplettpreis incl. Architekt etc.	210.000,00 EUR	159.300,00 EUR	600 cbm umb. Raum x 295 EUR angemessener Wert = 177.000,00 EUR - 10% Sicherheitsabschlag 17.700,00 EUR
Baunebenkosten	oben enthalten	31.860,00 EUR	max. 20% von 159.300,00 EUR – 31.860,00 EUR max. jedoch tatsächliche Kosten (Differenz 177.000,00 EUR zu 210.000,00 EUR = 33.000,00 EUR)
Außenanlagen	20.000,00 EUR	8.850,00 EUR	max. 5% von 177.000,00 EUR
Bauwert		**200.010,00 EUR**	
Beleihungswert		**312.010,00 EUR**	**Bau- und Bodenwert**
Erwerbsnebenkosten (Notar 1,5% und Grunderwerbssteuer 3,5% vom Gesamtpreis)	17.100,00 EUR		
Gesamtkosten	**359.100,00 EUR**		
- Eigenmittel	**69.100,00 EUR**		
Darlehensbetrag	**290.000,00 EUR**	**entspricht 92,95% des Beleihungswertes**	**Ermittlung des Beleihungsauslaufs**

In der Beleihungswertermittlung sind die Außenanlagen nur mit 5% der angemessenen Hauskosten eingegangen. Die Baunebenkosten sind im Hauspreis enthalten und ebenfalls auf 20% begrenzt worden. Der Betrag an Eigenmitteln stellt sicherlich die untere Grenze dar.

Prüfung der materiellen Kreditwürdigkeit:

Wie schon beschrieben ist zunächst die Kapitaldienstgrenze zu ermitteln, um festzustellen, ob der zukünftige Kapitaldienst getragen werden kann. Dies kann anhand einer zunächst überschlägigen Bonitätsprüfung erfolgen:

Nettoeinkommen Herr Schuster:	2.300,00 EUR
Nettoeinkommen Frau Schuster:	1.400,00 EUR
abzgl. Lebenshaltungskosten (40% vom Nettoeinkommen):	1.480,00 EUR
abzgl. Versicherungen (priv. Krankenversicherung und Altersvorsorge):	450,00 EUR
Überschuss vor Fremdfinanzierung = Kapitaldienstgrenze:	1.770,00 EUR
max. Kreditbetrag der bedient werden kann (Annahme Zins 5,2% und 1% Tilgung):	**342.580,00 EUR**

Anhand des Überschusses kann der benötigte Darlehensbetrag bedient werden. Da dieser Betrag niedriger als der max. Kreditbetrag ist, kann auf eine weiter gehende Bonitätsrechnung an dieser Stelle verzichtet werden.

Hinsichtlich der Prüfung der materiellen Kreditwürdigkeit, Kreditfähigkeit sowie der Definition der Begriffe Beleihungswert und Verkehrswert sehen Sie sich bitte die Ausführungen beim Fall 6.1 an.

Zusammenfassung der bisherigen Ergebnisse:

Der benötigte Darlehensbetrag kann bedient werden. Der Beleihungsauslauf von 92,95% liegt zwar an der oberen Grenze, ein möglicher Blankoanteil erscheint jedoch vertretbar. Die maximale Beleihung eines Objektes – also die Frage, welcher Betrag als Sicherheitenwert angesehen wird, schwankt je Institut zwischen 80% und 90% des Beleihungswertes. In diesem Fall soll das Darlehen bis zu 90% des Beleihungswertes als sicher angesehen werden. Ein Blankoanteil besteht also in Höhe von 9.191,00 EUR.

Erstellung eines (Fremd-)Finanzierungsvorschlages:

Da die Kunden sicherheitsorientiert sind, sich bei Eigennutzern ein Annuitätendarlehen anbietet, kann folgender Vorschlag gemacht werden:

Darlehensbetrag:	290.000,00 EUR
Zinssatz:	5,20 % nom. 5,33% effektiv
Zinsbindung:	10 Jahre
anfängliche Tilgung:	2,257% (Laufzeit 20 Jahre)
Monatliche Annuität:	1.802,11 EUR

Dieses Annuitätendarlehen lässt sich im Einzelnen über die Jahre wie folgt darstellen:

Jahr	Summe Ausgaben	davon Zinsen	davon Tilgung	Darlehensstand Jahresende
2007	7.208,44 EUR	4.970,01 EUR	2.238,43 EUR	287.761,57 EUR
2008	21.625,32 EUR	14.802,53 EUR	6.822,79 EUR	280.938,78 EUR
2009	21.625,32 EUR	14.439,14 EUR	7.186,18 EUR	273.752,60 EUR
2010	21.625,32 EUR	14.056,43 EUR	7.568,89 EUR	266.183,71 EUR
...				0,00 EUR
Summe:	**513.705,16 EUR**	**223.705,16 EUR**	**290.000,00 EUR**	

Hinweis:

Im Rahmen der abschließenden Bonitätsprüfung ergibt sich unter Berücksichtigung der obigen Werte eine geringe Unterdeckung, die jedoch wegen des hohen Tilgungsanteils vertreten werden kann.

Lösungsansätze Recht

3. Erläutern Sie die Rechtsnatur des Darlehensvertrages.

Der Darlehensvertrag ist ein zweiseitig verpflichtender Vertrag. Der Darlehensgeber überlässt dem Darlehensnehmer Kapital, i.d.R. in Form von Geldwerten. Der Darlehensnehmer hat die Verpflichtung das Kapital zurückzuzahlen und entsprechend der getroffenen Vereinbarung zu verzinsen. Beim Abschluss des Darlehensvertrages sind folgende Aspekte zu berücksichtigen:

- bei Darlehensverträgen mit natürlichen Personen die Vorschriften für Verbraucherdarlehen gem. §§ 491 ff BGB,
- Arten des Zustandekommens von Darlehensveträgen (Angebotsverfahren bzw. Zusageverfahren) und
- Einbindung der AGB sowie der Allgemeinen Darlehensbedingungen.

4. **Welche Sicherheiten bieten sich hier an?**

- Eintragung einer Briefgrundschuld oder Buchgrundschuld in Darlehenshöhe,
- Zession der Kapitallebensversicherung sowie
- Zession der Lohn- und Gehaltsansprüche.

Mit welchen Fragen Sie noch rechnen müssen

- Grundbuch und Fragen zur Abwicklung des Kaufvertrages,
- sonstige Tilgungsmodelle.

Spezielle verkäuferische Ansätze

- Zielorientierte Bestandsaufnahme des Kundenwunsches.
- Visualisierung der verschiedenen Tilgungsmodelle durch aufmalen.
- Erläutern Sie dem Kunden die Begriffe Beleihungswert und Verkehrswert anschaulich. Dabei können Sie auch mögliche Wertschwankungen eingehen, die auf dem Immobilienbereich vorhanden sind. Die Beleihungsgrenze können Sie mit den aktuellen Ergebnissen aus Zwangsversteigerungsverfahren erläutern, die momentan je nach Region zwischen 40% und 60% des Verkehrswertes liegen.
- Nutzen Sie auch hier Prospekte Ihres Hauses.
- Auch hier bietet es sich an, einen verbindlichen Gesprächsausstieg zu wählen und mit den Kunden die wesentlichsten Inhalt noch einmal zusammenzufassen.

Cross-Selling-Ansätze

Produkte zur Bedürfnisebene Absicherung, Vorsorge:
- Todesfallschutz – evtl. Kapitallebensversicherung auf Gegenseitigkeit,
- Berufsunfähigkeitsversicherung (ggf. als Zusatzversicherung in der Kapitallebensversicherung).

Produkte zur Bedürfnisebene Sparen, Anlegen:
- Anlage eines Teils des Vermögens oder der Eigenheimzulage z.B. in einem Bausparvertrag, der auch in die Finanzierung als Tilgungsersatz mit eingebunden werden kann. Evtl. eignet er sich in diesem Fall auch als „Krankenversicherung" für das Haus, um spätere Modernisierungsmaßnahmen zu finanzieren.

6.3 Finanzierung eines Verbrauchermarktes

Situation

Der Geschäftsführer der Allover Investor GmbH, Peter Max, vereinbart mit Ihnen einen Beratungstermin. Sowohl Peter Max wie auch die Allover Investor GmbH sind schon seit 5 Jahren angenehme Kunden Ihres Kreditinstitutes.

Die Allover Investor GmbH möchte einen neuen Verbrauchermarkt errichten. In einem Vorabtelefonat teilt Ihnen Herr Max folgende Informationen mit:

Investitionsvorhaben	Errichtung eines Verbrauchermarktes mit einer Nutzfläche von 1.952 qm. Die Verkaufsfläche beträgt 1.510 qm. Der umbaute Raum beträgt 8739 cbm. Das Grundstück beträgt 6.700 qm und ist als Bauland ausgewiesen. Der Investitionsort ist eine Stadt mit einer Einwohnerzahl incl. Einzugsgebiet von 50.000 Menschen. Der Markt soll am Stadtrand errichtet werden. Geschätzter Marktanteil 20%.	
Mieter	Hauptmieter, der 80% der Flächen mietet, ist die Prokauf GmbH. Die Prokauf GmbH ist ein überregionaler Anbieter von Discountlebensmittel. Die restlichen 20% werden von einem Fleischer, einer Apotheke und einem Bäcker angemietet. Der Mietzins beträgt 16 EUR / qm mtl. für den Hauptmieter und 30 EUR / qm für die restlichen Mieter. Die Mehrwertsteuer ist in dieser Angabe nicht mit berücksichtigt. Die Laufzeit der Mietverträge beträgt jeweils 15 Jahre. Die Mieter tragen alle Nebenkosten.	
Umsatz je Einwohner im Einzugsgebiet p.a. (Kaufkraftziffer)	Einzelhandel:	1.500,00 EUR
	Rest:	900,00 EUR
Investitionskosten ohne Mehrwertsteuer	Grundstück:	1.005.000,00 EUR
	Baukosten:	2.184.750,00 EUR
	Baunebenkosten:	240.322,00 EUR
	Außenanlagen:	50.000,00 EUR
	Erwerbsnebenkosten:	45.225,00 EUR
	Gesamtkosten:	**3.525.297,00 EUR**
Eigenkapitaleinsatz		600.000 EUR

Orientierungshinweise

Aspekte des Immobiliengeschäfts:

1. Bereiten Sie das Gespräch mit Herrn Max vor. Welche weiteren Informationen und Unterlagen benötigen Sie vom Kunden, um eine qualifizierte Aufbereitung der Finanzierungsanfrage vorzunehmen? Wie bewerten Sie die benötigten Informationen für die Kreditentscheidung?
2. Ermitteln Sie vorläufig anhand der Angaben den Beleihungswert und erarbeiten einen (Fremd-) Finanzierungsvorschlag unter der Prämisse, dass die materielle Kreditwürdigkeit gegeben ist.

Betriebswirtschaftliche Aspekte:

3. Stellen Sie dar, welche Investitionsrechnungsverfahren es gibt.

Informationsphase

Immobilie, Finanzierung

- Wie sieht die Mieterstruktur im Detail aus?
- Wie bewerten Sie das Einzugsgebiet?
- Wie lange soll die Fremdfinanzierung laufen?
- Was ist Ihnen bei der Fremdfinanzierung besonders wichtig?
- Wie lange schätzen Sie die Bauzeit ein?
- Liegt Ihnen ein verbindliches Angebot eines Generalunternehmers vor?

Absicherung, Vorsorge	Steuern
Was halten Sie davon, wenn ich Ihnen noch ein paar Vorschläge zur finanziellen Absicherung Ihre Mitarbeiter mache und Sie außerdem noch eine Kostenersparnis haben?	Was halten Sie davon, wenn wir Ihre Immobilieninvestition besonders steueroptimal finanzieren?

Lösungsansätze Immobiliengeschäft

1. **Bereiten Sie das Gespräch mit Herrn Max vor. Welche weiteren Informationen und Unterlagen benötigen Sie vom Kunden, um eine qualifizierte Aufbereitung der Finanzierungsanfrage vorzunehmen? Wie bewerten Sie die benötigten Informationen für die Kreditentscheidung?**

Bei jeder gewerblichen Investition muss zunächst der Ertrag der Investition auf Nachhaltigkeit geprüft werden. Entscheidende Parameter sind zunächst die Mieterträge des Objektes, aber auch die Verkaufsflächen und die daraus resultierenden Umsätze je qm p.a. Der Kapitaldienst der Finanzierung sollte i.d.R. aus dem Objekt getragen werden.

Es ist also zu prüfen, ob die Mieterträge nachhaltig durch die Verkaufserlöse erbracht werden können. Je nach Branche des Mieters schwankt der maximale Anteil der Miete am Gesamtumsatz in Höhe von 1,5 % - 2,5% des Umsatzes. Nur unter diesen Parametern kann der Mietzins nachhaltig erbracht werden. Dieser Aspekt wird im Rahmen der Beleihungswertberechnung umfassend dargestellt.

Mögliche Einteilung gewerblicher Einkaufscenter:

SB-Warenhäuser:	Verkaufsfläche > 5.000 qm
Verbrauchermärkte:	Verkaufsfläche > 1.500 qm
Supermärkte:	Verkaufsfläche < 1.500 qm
SB-Märkte:	Verkaufsfläche < 400 qm
SB-Läden:	Verkaufsfläche < 200 qm

Folgende Informationen sind u.a. in der Informationsphase noch einzuholen und zu dokumentieren:

Fragen:	Einfluss auf die Kreditentscheidung:
Wie lange laufen die Mietverträge? Ist das Objekt schon voll vermietet?	Es sind grundsätzlich nur langfristige Mietverträge zu akzeptieren um eine dauerhafte Kapitaldienstfähigkeit sicherzustellen. Als Orientierungsgröße sind mindestens 10 Jahre notwendig.
Wie ist die Mieterstruktur aufgeteilt?	Grundsätzlich sollte ein starker Hauptmieter vorhanden sein, dessen Kreditwürdigkeit gegeben ist. Ferner sollten noch weitere kleine Mieter vorhanden sein, um den Markt flexibler zu gestalten.
Wie stellt sich die Bonität der Mieter dar?	Es sollte die Bonität der Mieter u.a. anhand von Büroauskünften und sonstigen Informationen kritisch geprüft werden, um eine dauerhafte Mietzahlung und somit die Kapitaldienstfähigkeit sicher zu stellen.
Sind in den Mietverträgen negative Klauseln enthalten?	Wenn z.B. auf eine Indexierung, die Umlage sämtlicher Nebenkosten und Instandhaltungsmaßnahmen auf den Mieter verzichtet wurde bzw. eine Sonderkündigungsoption nach z.B. 2-3 Jahren für den Mieter eingebaut wurde, ist das Mietverhältnis kritisch zu betrachten, was ggf. zu einer Kreditablehnung führen könnte.
Wo befindet sich das Investitionsobjekt? Wie ist das Einzugsgebiet zu bewerten?	Das Einzugsgebiet mit seiner Einwohnerzahl sowie die Konkurrenzsituation sind wesentliche Kriterien, die die Kreditentscheidung beeinflussen. Diese Werte werden in der Wirtschaftlichkeitsprüfung berücksichtigt und spiegeln sich auch im Beleihungswert wieder. Evtl. Standortgutachten der großen Mieter sollten vorgelegt werden. Ansonsten ist an dieser Stelle mit Branchenvergleichen zu arbeiten.
Wurde für die Vergabe der Gewerke ein Generalunternehmer zu einem Festpreis beauftragt?	Hier soll zum einen eine Kostenüberschreitung verhindert als auch eine termingerechte Fertigstellung gesichert werden. Evtl. ist eine Fertigstellungsgarantie der Bank des Generalunternehmers notwendig. **(Zum Thema Garantie lesen Sie sich bitte den Fall 8.2 Auslandsgeschäft durch)**
Kann der Investor die Zinsen bis zur Fertigstellung aus eigenem Vermögen erbringen?	Wird im Rahmen der Kreditwürdigkeitsprüfung und der Finanzierungsplanung überprüft. Evtl. sollten die Zinsen für ein Jahr auf einem separaten Konto hinterlegt werden.

2. **Ermitteln Sie vorläufig anhand der Angaben den Beleihungswert und erarbeiten einen (Fremd-) Finanzierungsvorschlag unter der Prämisse, dass die materielle Kreditwürdigkeit gegeben ist.**

Wie schon oben dargestellt, ist die Kreditentscheidung im Wesentlichen auf das Objekt mit seinem Ertrag abzustellen. Die angegebenen Mieterträge sind auf ihre Nachhaltigkeit und Plausibilität zu prüfen. Die Bonität der Mieter wird hier unterstellt. Die Nebenkosten incl. möglicher Instandhaltung werden von den Mietern getragen. Die Restnutzdauer des Verbrauchermarktes wird in diesem Beispiel mit 25 Jahren veranschlagt.

Überprüfung der Nachhaltigkeit und Angemessenheit der Mieterträge:

Basis für die Überprüfung der Mieterträge bildet der nachhaltige Umsatz je Einwohner im Einzugsgebiet p.a. In diesem Beispiel sollen die Mieten angemessen sein, wenn sie 2% des Umsatzes ausmachen. Diese Umsatzerlöse sind entsprechenden Brancheninformationen zu entnehmen und differenzieren je nach Branche. In der Aufgabenstellung sind die entsprechenden Werte schon vorgegeben.

50.000 Einwohner	x	125 EUR (Umsatz je Einwohner pro Monat)	=	6.250.000 EUR Umsatz pro Monat	**Einzelhandel**
x Marktanteil 20%			=	1.250.000 EUR Umsatz für diesen Markt	
Maximaler Mietanteil	2%		=	25.000 EUR pro Monat / 1.561,60 qm anteilige Mietfläche = 16 EUR Miete pro qm	Fazit: Kalkulierter Mietzins ist angemessen.
50.000 Einwohner	x	75 EUR (Umsatz je Einwohner pro Monat)	=	3.750.000 EUR Umsatz pro Monat	**Sonstige Mieter**
x Marktanteil 20%			=	750.000 EUR Umsatz für diesen Markt	
Maximaler Mietanteil	2%		=	15.000 EUR pro Monat / 390,40 qm anteilige Miet-fläche = 38,42 EUR Miete pro qm	Fazit: Kalkulierter Mietzins ist angemessen.

Zusätzlich können die oben ermittelten Werte auch noch mit dem durchschnittlichen Umsatz je qm Verkaufsfläche verglichen werden. Vergleichswerte sind entsprechenden Branchentabellen zu entnehmen.

Ermittlung des Beleihungswertes:

Nun kann anhand dieser Überprüfung der Beleihungswert errechnet werden. Es wird hier gem. Vorgaben der BelWertV bzw. den Wertermittlungsrichtlinien das Ertragswertverfahren und das Sachwertverfahren verwendet.

Es sollen folgende Parameter gegeben sein:

Restnutzungsdauer:	25 Jahre
Verzinsung:	9% (Verzinsung des eingesetzten Kapitals sowie Verzinsung des Bodens)
Vervielfältiger:	9,82 (Abhängig von Restnutzungsdauer und Verzinsung)
Bewirtschaftungskosten:	30% pauschal

	Rohertrag p.a. (Einzelhandel: 299.827,20 EUR) (sonstige Mieter: 140.544,00 EUR)	440.371,20 EUR
-	Bewirtschaftungskosten (Mietausfall etc.) 30%	132.111,36 EUR
	Reinertrag p.a.	*308.259,84 EUR*
-	Bodenwertverzinsung (9% auf 1.005.000,00 EUR)	90.450,00 EUR
	Gebäudereinertrag p.a.	*217.809,84 EUR*
x	Vervielfältiger 9,82	
	Gebäudeertragswert	2.138.892,60 EUR
+	Bodenwert	1.005.000,00 EUR
	Ertragswert	*3.143.892,60 EUR*
	Ertragswert als Basis für den Beleihungswert	**3.143.892,60 EUR**

Wichtig:

Die Abschläge für die Bewirtschaftungskosten sind von Institut zu Institut unterschiedlich.

Bei der Ermittlung des Sachwertes wird an dieser Stelle davon ausgegangen, dass die Herstellungskosten angemessen sind. Es wird mit einem Sicherheitsabschlag von 20% gearbeitet.

	8739 cbm umb. Raum x 250 EUR	2.184.750,00 EUR
-	Sicherheitsabschlag 20%	436.950,00 EUR
	Zwischensumme	*1.747.800,00 EUR*
+	Baunebenkosten (max. 20% von 1.747.800,00 EUR, max. jedoch die tatsächlichen Kosten)	240.322,00 EUR
+	Außenanlagen (max. 5% von 2.184.750,00 EUR, max. jedoch die tatsächlichen Kosten)	50.000,00 EUR
	Bauwert	**2.038.122,00 EUR**
	Bodenwert	**1.005.000,00 EUR**
	Sachwert als Basis für den Beleihungswert	**3.043.122,00 EUR**

Der Beleihungswert muss i.d.R. immer niedriger als der Verkehrswert bzw. Marktwert sein.

Der Verkehrswert in diesem Fall orientiert sich im Zweifel anhand der angemessenen Gestehungskosten für Grundstück, Baukosten, Baunebenkosten und Außenanlagen (3.480.072,00 EUR).

Auf Grund der geringen Unterschiede zwischen Ertragswert und Sachwert bietet es sich an dieser Stelle an, den Beleihungswert anhand des Ertragswertes zu orientieren.

Beachten Sie bitte an dieser Stelle, dass in den Wertermittlungsrichtlinien der jeweiligen Institute eine andere Vorgehensweise festgehalten sein kann.

Demzufolge kann der Beleihungswert gerundet mit 3.143.800,00 EUR festgelegt werden. Die Sicherheitenwerte betragen bei einer Beleihungsgrenze von 80% 2.515.040,00 EUR und bei einer Beleihungsgrenze von 60% 1.886.280,00 EUR.

Um nun einen Finanzierungsvorschlag zu erstellen, ist es wichtig, den Kreditbedarf und einen möglichen Blankoanteil zu ermitteln.

	Gesamtkosten:	3.525.297,00 EUR
-	Eigenkapital:	600.000,00 EUR
	Fremdfinanzierungsbedarf:	***2.925.297,00 EUR***
	Blankoanteil (Anteil über 80% des Beleihungswertes)	***410.257,00 EUR***

Es kann folgender (Fremd-)Finanzierungsvorschlag erstellt werden, der auch die

Kapitaldienstgrenze einschließt:

Darlehensbetrag	Nominalzins	Anfängliche Tilgung	Annuität p.a.
2.925.297 EUR	6% (10 Jahre fest)	2,5%	248.650,25 EUR
Mieterträge p.a.	Bewirtschaf-tungskosten p.a. pauschal 30%		Mietreinertrag p.a.
440.371,20 EUR	132.111,36 EUR		308.259,84 EUR
		Überschuss p.a.	**59.609,59 EUR**

Fazit:

Der Blankoanteil ist bei einer unterstellten guten Bonität des Investors vertretbar. Der Überschuss sollte zum Teil in einer Anlage zur Reduzierung des Blankoanteils verwendet werden. Die Kreditgewährung ist auch im Hinblick auf die solventen Mieter vertretbar. Sicherheiten: Grundschuldeintragung in Darlehenshöhe sowie selbstschuldnerische Bürgschaft des Gesellschafters der GmbH. Zur Offenlegung der wirtschaftlichen Verhältnisse und den dazugehörigen Unterlagen vgl. im Firmenkundengeschäft Fall 8.1.

Lösungsansätze Betriebswirtschaft

3. Stellen Sie dar, welche Investitionsrechnungsverfahren es gibt.

Es gibt grundsätzlich drei Arten der Investitionsrechnung, die sich wie folgt einteilen lassen:

Methoden der Investitionsrechnung		
Statische Verfahren	**Dynamische Verfahren**	**Modellansätze des Operations Research**
Kostenvergleichsrechnung	Kapitalwertmethode	Produktionsorientierte Modelle
Gewinnvergleichsrechnung	Interne Zinssatzmethode	Finanzorientierte Modelle
Rentabilitätsrechnung	Annuitätenmethode	
Amortisationsrechnung		

Mit welchen Fragen Sie noch rechnen müssen

- Sonstige Sicherheiten,
- Unterlagen gem. § 18 KWG sowie Fragen zur Prüfung der materiellen Kreditwürdigkeit sowie
- Auszahlungsmodalitäten.

Spezielle verkäuferische Ansätze

Gespräche mit erfahrenen Kunden müssen anders geführt werden als solche mit „normale Kunden", die zum ersten Mal in ihrem Leben eine Immobilie erwerben. Gehen Sie davon aus, dass Ihr Gegenüber genau weiß, was er will und präsentieren sich als Profi. Hierzu ist es z.B. sinnvoll:

- den aktuellen Geschäftsbericht Ihrer Bank einzusetzen um auch über die Lage Ihres Hauses sprechen zu können,
- den konkreten Bezug zu den technischen Daten herzustellen und so Kompetenz auszustrahlen. Die kann z.B. wie folgt realisiert werden: „Herr Max, in unserem Telefonat teilten Sie mir mit, dass die Kaufkraftziffer im Einzelhandelsbereich bei 1.500 Euro liegt. Diesen Wert kann ich anhand Einsichtnahme in die letzte Marktanalyse unseres Hauses bestätigen." sowie
- ruhig, sachlich aber bestimmt sprechen.

Cross-Selling-Ansätze

Produkte zur Bedürfnisebene Absicherung, Vorsorge:

- Betriebliche Altersvorsorge für den Geschäftsführer und seine Mitarbeiter.

Produkte zur Bedürfnisebene Steuern:

- In diesem Fall bietet es sich ebenfalls an, einen Teil der Finanzierung endfällig zu stellen, um so einen konstanten Zinsblock zu erreichen.

6.4 Finanzierung von 69 Einfamilienhäusern

Situation

Die Novatis Bauträger GmbH ist eines der erfolgreichsten Bauträgerunternehmen im Einzugsgebiet der Ersten Preußischen Creditbank von 1875 AG. Im Rahmen intensiver Akquisitionsbemühungen ist es Ihnen gelungen, mit dem Geschäftsführer Max Leopold von Schirmbaum (64 Jahre) einen Gesprächstermin zu vereinbaren. In diesem Gespräch geht es um das nächste Immobilienprojekt der Gesellschaft.
Zur Vorbereitung des Termins stellt Ihnen Herr von Schirmbaum die Projektunterlagen zur Verfügung. Aus diesen Unterlagen entnehmen Sie:

Neubau von 69 Einfamilienhäuser in Berlin Steglitz. Das Grundstück von 25.000 qm ist voll erschlossen und in 69 Parzellen aufgeteilt. Der Zuschnitt der Grundstücke ist gut, die Lage wird als gut eingeschätzt. Je Haus sind durchschnittlich 115 qm Wohnfläche vorhanden, die Häuser sind alle freistehend.		
Die Gesamtkosten setzen sich **exklusive Mehrwertsteuer** wie folgt zusammen:		
Kaufpreis Grundstück	2.300.000,00 EUR	92,00 EUR je qm Grundstück
Erschließung	640.000,00 EUR	25,60 EUR je qm Grundstück
Erwerbsnebenkosten	138.000,00 EUR	5,52 EUR je qm Grundstück
Baukosten	7.935.000,00 EUR	
Kosten Außenanlagen	396.000,00 EUR	
Baunebenkosten	800.000,00 EUR	
Zwischenfinanzierungskosten	400.000,00 EUR	
Gesamtinvestitionskosten	*12.609.000,00 EUR*	*1.589,04 EUR je qm Wohnfläche*
Kalkulierter Verkaufspreis	**15.076.500,00 EUR**	**1.900,00 EUR je qm Wohnfläche zzgl. Mehrwertsteuer**

Die Kosten für das Grundstück sowie die Erschließung und die Erwerbsnebenkosten wurden seitens der Novatis Bauträger GmbH schon beglichen.

Orientierungshinweise

Aspekte des Immobiliengeschäfts:

1. Erläutern Sie, welche Unterlagen und weiteren Informationen Sie im Kundengespräch noch anfordern werden und welche Bedeutung sie auf die Kreditentscheidung haben.

2. Sprechen Sie mit dem Geschäftsführer die Details einer möglichen Fremdfinanzierungsübernahme durch Ihr Haus durch. Gehen Sie dabei auch auf die technische Abwicklung der Finanzierung ein.

Rechtliche Aspekte:

3. Erläutern Sie die für diesen Fall erforderlichen Regelungen in der MABV.

Informationsphase

Immobilie, Finanzierung

- In welcher Zeitspanne planen Sie den Abverkauf?
- Wie bewerten Sie die Wohnlage?
- Vermarkten Sie die Häuser selber, oder binden Sie Vertriebe ein?
- Wenn Sie Vertriebe mit einbinden möchten, wie viel Provision stellt für Sie die Obergrenze dar?
- Wie lange schätzen Sie die Bauzeit ein?
- Liegt Ihnen ein verbindliches Angebot eines Generalunternehmers vor?
- Wie viele Objekte dieser Art haben Sie schon realisiert?
- Wie sind Sie bisher bei der Kalkulation der Kosten und des Vertriebes vorgegangen?

Absicherung, Vorsorge

Was halten Sie davon, wenn ich Ihnen noch ein paar Vorschläge zur finanziellen Absicherung Ihre Mitarbeiter mache und Sie außerdem noch eine Kostenersparnis haben?

Unternehmenssicherung und –nachfolge

Mal angenommen, ich könnte Ihnen unter Berücksichtigung steuerlicher Aspekte aufzeigen, wie Sie sich mittelfristig aus dem Unternehmen zurückziehen können und trotzdem noch Einfluss auf die wesentlichsten Entscheidungen haben.
Wie gefällt Ihnen das?

Lösungsansätze Immobiliengeschäft

1. **Erläutern Sie, welche Unterlagen und weiteren Informationen Sie im Kundengespräch noch anfordern werden und welche Bedeutung sie auf die Kreditentscheidung haben.**

Bauträgermaßnahmen sind äußerst kompliziert und bergen eine menge Risiken, die vielen Kreditinstituten in den letzten Jahren erhebliche Probleme durch Kreditausfälle gebracht haben. Insofern sind trotz Akquisebemühungen einige kritische Fragen zu stellen und die Ergebnisse kritisch zu analysieren. Die nachfolgende Tabelle baut auf möglichen Risiken eines solchen Projekts auf und enthält die notwendigen Informationen, die in die materielle Kreditwürdigkeitsprüfung und der Sicherheitenbewertung und somit in die Kreditentscheidung mit einfließen.

Risiko	benötigte Informationen bzw. Unterlagen	Einfluss auf die Kreditentscheidung
Objekt		*Sicherheitenbewertung sowie Projekteinschätzung*
Fertigstellungsrisiko	GU-Vertrag mit entsprechender Garantie	Nur durch die Sicherstellung, dass die kalkulierten Kosten nicht überschritten werden, ist eine Kreditgewährung vertretbar.
Vermarktungsrisiko	Skizzierung des Bauträgers, wie er sich den Abverkauf vorstellt. Hier sind zeitliche Aspekte wie auch die Maße und Marktsättigung zu beachten. Basis bilden zum einen die Prüfung, ob die Verkaufspreise marktgerecht sind und zum anderen, wie die bisherigen Objekte verkauft wurden.	Nur durch einen Verkauf der Immobilien ist eine fristgerechte zeitnahe Rückführung des Bauträgerkredites möglich. Von wesentlicher Bedeutung sind eine positive Verkaufsbilanz der bisherigen Objekte und ein möglichst hoher Verkaufsstand schon bei Beantragung der Finanzierung für das neue Objekt. Häufig wird in den Darlehensvertrag als Auszahlungsvoraussetzung ein Verkaufsstand von ca. 70% aufgenommen.

Risiko	benötigte Informationen bzw. Unterlagen	Einfluss auf die Kreditentscheidung
Standort- und Ausstattungsrisiko	Beurteilung der Lage des Objektes – Großstadt, ländliche Gegend etc. verbunden mit der Prüfung der Angemessenheit der Verkaufspreise für das Grundstück sowie der Ausstattung der Häuser.	Hier liegt ein enger Bezug zu dem Vermarktungsrisiko. Wenn die Preise für die Lage nicht angemessen sind, gestaltet sich der Verkauf schwierig. Für nicht verkaufte Objekte muss das Kreditinstitut dem Bauträger dann eine langfristige Finanzierung anbieten, ggf. mit einem Blankoanteil und zweifelhaften Verwertungserfolgen.
Verwendungsrisiko	Vorlage eines strikten Zahlungsplanes für das Projekt und Prüfung der allgemeinen wirtschaftlichen Verhältnisse des Bauträgers – auch hinsichtlich seiner anderen laufenden Projekte.	Es ist sicherzustellen, dass die Kreditmittel aus der beantragten Finanzierung nur für das Objekt verwendet werden dürfen. Hierzu sollte mögliches Eigenkapital auf das Zwischenfinanzierungskonto eingezahlt werden und nur projektbezogene Kosten beglichen werden.

Risiko	benötigte Informationen bzw. Unterlagen	Einfluss auf die Kreditentscheidung
Unternehmen		*materielle Kreditwürdigkeit*
Adressenausfallrisiko bzw. Bonitätsrisiko	➢ Leistungsbilanzen der letzten Objekte, ➢ Jahresabschlüsse der letzten 3 Jahre incl. Erläuterung der Wertansätze der Vermögenswerte in der Bilanz sowie zu den Bestandsveränderungen an unfertigen und fertigen Erzeugnissen, ➢ Vermögensaufstellung mit allen Unterlagen zu den Vermögenswerten und Verbindlichkeiten der Gesellschafter incl. Einkommensteuerunterlagen, ➢ Aktuelle BWA, ➢ Einschätzung der Managementleistung der Geschäftsführung (Strategie, Vorgehen, Visionen etc.).	Ermittlung entsprechender Unternehmensbewertungen mittels Scoring bzw. Rating. Berücksichtigung der Zukunftsperspektiven sowie der strategischen Ausrichtung. Nur bei guten bzw. befriedigenden Ergebnissen wird die Kreditentscheidung positiv ausfallen.

2. Sprechen Sie mit dem Geschäftsführer die Details einer möglichen Fremdfinanzierungsübernahme durch Ihr Haus durch. Gehen Sie dabei auch auf die technische Abwicklung der Finanzierung ein.

Unter der Voraussetzung, dass die persönliche und materielle Kreditwürdigkeit gegeben ist, wird nun der Fremdfinanzierungsbedarf ermittelt und anschließend die Sicherheitenposition bewertet.

Die Prüfung der materiellen Kreditwürdigkeit bei Firmenkunden ist sehr umfangreich in den Fällen zum Firmenkundengeschäft dargestellt. Arbeiten Sie auch diese Fälle durch. Es lohnt sich.

Es lässt sich folgender Investitions- und Finanzierungsplan aufstellen:

Investition		**Finanzierung**	
Grundstück incl. Erschließung	2.940.000,00 EUR	Eigenkapital	3.078.000,00 EUR (24,41%)
Erwerbsnebenkosten	138.000,00 EUR		
Baukosten incl. Baunebenkosten und Außenanlagen	9.131.000,00 EUR	Fremdkapital	9.531.000,00 EUR (75,59 %)
Zwischenfinanzierungskosten	400.000,00 EUR		
Summe	**12.609.000,00 EUR**	**Summe**	**12.609.000,00 EUR**

Es wird im Rahmen der Zwischenfinanzierung der geplanten Verkaufserlöse ein Betrag von 9.531.000,00 EUR benötigt. Der Eigenkapitaleinsatz durch den bezahlten Grundstücksankauf ist zufrieden stellend.

Um in Falle eines schleppenden Abverkaufs sowie einer möglichen Insolvenz des Kreditnehmers eine zwangsweise Rückführung zu Gewähr leisten ist die Prüfung und Bewertung möglicher Sicherheiten vorzunehmen. Hierfür bietet sich eine Globalgrundschuld auf allen Grundstücken an. Die Beleihungswertberechnung erfolgt wie schon in den anderen Fällen dargestellt nach dem Ertragswertverfahren und dem Sachwertverfahren.

Beleihungswertberechnung:

Ertragswertverfahren:

Es sollen folgende Parameter gegeben sein:

Restnutzungsdauer:	80 Jahre
Verzinsung:	5% (Verzinsung des eingesetzten Kapitals sowie Verzinsung des Bodens)
Vervielfältiger:	19,6 (Abhängig von Restnutzungsdauer und Verzinsung)
Bewirtschaftungskosten:	25% pauschal
Miete:	8,00 EUR je qm Wohnfläche als Netto-Kaltmiete pro Monat

	Rohertrag p.a. (7.935 qm x 8 EUR x 12)	761.760,00 EUR
-	Bewirtschaftungskosten (Mietausfall etc.) 25%	190.440,00 EUR
	Reinertrag p.a.	*571.320,00 EUR*
-	Bodenwertverzinsung (5% auf 2.940.000,00 EUR)	147.000,00 EUR
	Gebäudereinertrag p.a.	*424.320,00 EUR*
x	Vervielfältiger 19,6	
	Gebäudeertragswert	8.316.672,00 EUR
+	Bodenwert	2.940.000,00 EUR
	Ertragswert	*11.256.672,00 EUR*
	Ertragswert als Basis für den Beleihungswert	**11.256.672,00 EUR**

Sachwertverfahren (Herstellungskosten und Bodenwert sind angemessen):

	7.935 qm x 1.000,00 EUR	7.935.000,00 EUR
-	Sicherheitsabschlag 10%	793.500,00 EUR
	Zwischensumme	*7.141.500,00 EUR*
+	Baunebenkosten (max. 20% von 7.141.500,00 EUR, max. jedoch die tatsächlichen Kosten)	800.000,00 EUR
+	Außenanlagen (max. 5% von 7.935.000,00 EUR, max. jedoch die tatsächlichen Kosten)	396.000,00 EUR
	Bauwert	**8.337.500,00 EUR**
	Bodenwert	**2.940.000,00 EUR**
	Sachwert als Basis für den Beleihungswert	**11.277.500,00 EUR**

Der Beleihungswert wird gerundet anhand des Ertragswertes auf 11.257.000,00 EUR festgesetzt. Die Sicherheitenwerte betragen bei einer Beleihungsgrenze von 80% 9.005.600,00 EUR und bei einer Beleihungsgrenze von 60% 6.754.200,00 EUR. Bei einem Sicherheitenwert von 9.005.600,00 EUR beträgt der Blankoanteil 525.400,00 EUR.

Dieser Blankoanteil soll in Abhängigkeit der unterstellten wirtschaftlichen Verhältnisse und der Platzierungskraft des Bauträgers vertretbar sein.

Herrn von Schirmbaum kann nun eine KK-Linie in benötigter Höhe angeboten werden. Diese KK-Linie kann auch als Aval nutzbar gestaltet werden, um die Erfordernisse gem. § 7 MABV zu erfüllen.

Im Rahmen der technischen Umsetzung sollten zwei Konten eingerichtet werden. Auf dem einen Konto gehen die Kaufpreise der Enderwerber ein. Auf dem anderen Konto werden die Ausgaben beglichen. Aus diesem Konto wird auch die Kreditlinie bereit gestellt. Eine Zinskompensation beider Konten sollte dem Kunden angeboten werden. Die Zahlungsabrufe bei den Enderwerbern sollte gem. MABV erfolgen. Eine Verfügung über die Kreditlinie erfolgt nur zweckgebunden durch Rechnungsvorlegung und beim Erreichen eines festgelegten Verkaufsstandes.

Es wird eine Grundschuld in Darlehenshöhe auf dem Gesamtgrundstück eingetragen. Eine Freistellungsverpflichtung gem. § 3 MABV muss für jeden Käufer erstellt werden, damit sichergestellt ist, dass bei vollständiger Kaufpreisbezahlung der Enderwerber ihre Teilgrundstücke aus der Pfandhaft entlassen werden.

Durch diese Regelungen sind schon einige Objektrisiken ausgeschaltet worden.

Lösungsansätze Recht

3. Erläutern Sie die für diesen Fall erforderlichen Regelungen in der MABV.

Die Makler- und Bauträgerverordnung schützt im Zusammenhang mit dem § 632a BGB i.V.m. der Verordnung über Abschlagszahlungen bei Bauträgerverträgen (AbBV) die berechtigten Interessen des Enderwerbers von Immobilien, die noch gebaut oder fertig gestellt werden müssen.

Entscheidend sind die §§ 3 und 7 MABV. Im § 3 MABV sind zum einen Zahlungspläne und Zahlungsvoraussetzungen enthalten, die nicht zu Lasten des Erwerbers abgeändert werden dürfen, zum anderen wird geregelt, dass das Kaufobjekt lastenfrei gestellt werden muss.

Die Zahlungsmodalitäten sehen beim Grundstückserwerb incl. Aufbau wie folgt aus:

Bautenstand	Mögliche Abrufwerte
Beginn der Erdarbeiten	30 % der Vertragssumme
	von der restlichen Vertragssumme:
Rohbaufertigstellung incl. Zimmererarbeiten	40%
Herstellung der Dachflächen und Dachrinnen	8%
Rohinstallation der Heizungsanlagen	3%
Rohinstallation der Sanitäranlagen	3%
Rohinstallation der Elektroanlagen	3%
Fenstereinbau incl. Verglasung	10%
Innenputz, ausgenommen Beiputzarbeiten	6%
Estrich	3%
Fliesenarbeiten im Sanitärbereich	4%
Bezugsfertigkeit und Zug um Zug gegen Besitzübergabe	12%
Fassadenarbeiten	3%
nach vollständiger Fertigstellung	5%
	100%

Wird von diesem Zahlungsplan abgewichen, z.B. soll zu Beginn der Arbeiten der komplette Kaufpreis gezahlt werden, ist gem. § 7 MABV eine Bankbürgschaft, i.d.R. der finanzierenden Bank, erforderlich.

Mit welchen Fragen Sie noch rechnen müssen

- Abschluss des Darlehensvertrages sowie rechtliche Besonderheiten hierzu,
- Grundbuch und Fragen zur Abwicklung des Kaufvertrages.

Spezielle verkäuferische Ansätze

Gespräche mit erfahrenen Kunden müssen anders geführt werden als solche mit „normale Kunden“, die zum ersten Mal in ihrem Leben eine Immobilie erwerben. Gehen Sie davon aus, dass Ihr Gegenüber genau weiß, was er will und präsentieren sich als Profi. Hierzu ist es z.B. sinnvoll:

- den aktuellen Geschäftsbericht Ihrer Bank einzusetzen um auch über die Lage Ihres Hauses sprechen zu können,
- den konkreten Bezug zu den Projektdaten herzustellen und so Kompetenz auszustrahlen. Die kann z.B. wie folgt realisiert werden: „ Herr von Schirmbaum, in unserem Telefonat teilten Sie mir mit, dass der geplante Verkaufspreis der Einfamilienhäuser bei 1.900 Euro je qm Wohnfläche liegt. Diesen Wert kann ich anhand Einsichtnahme in die aktuellen Bewertungstabellen unseres Hauses bestätigen.“ und
- ruhig, sachlich aber bestimmt sprechen.

Cross-Selling-Ansätze

Produkte zur Bedürfnisebene Absicherung, Vorsorge:

- Betriebliche Altersvorsorge für die Mitarbeiter – verschiedene Durchführungswege incl. Berufsunfähigkeitsabsicherung.

Produkte zur Bedürfnisebene Unternehmenssicherung und –nachfolge:

- Stärken und Schwächen des Unternehmens herausarbeiten. Geeignete Nachfolger finden.

6.5 Sale and Lease Back einer Gewerbeimmobilie

Situation

Horst Hundertsasser ist sehr vermögend und schon lange Jahre Kunde Ihres Hauses. Er hat einige seiner Immobilien in vermögensverwaltende GmbH&Co KG integriert, deren Geschäftsführer und Komplementär die Hundertsasser Verwaltungs-GmbH ist. In einer der KG sind auch drei Immobilien in Ostdeutschland enthalten. Es handelt sich um 3 Seniorenheime in Chemnitz, Zwickau und Plauen.

Um nun weitere Investitionen zu tätigen möchte Herr Hundertsasser stille Reserven in den Objekten heben und die Objekte in einer Sale-and-Lease-back Leasingkonzeption veräußern. Aus diesem Grunde vereinbart er einen Termin mit Ihnen. In Ihrem Bankkonzern ist auch eine Leasinggesellschaft vertreten.

Die Wesentlichsten Parameter lassen sich vorab wie folgt darstellen:

Objekt Chemnitz	Betreiber Famila Pflege AG	Mieteinnahme: 580 TEUR p.a., Mietvertrag bis 12/2022, Kaufpreisvorstellung 6.460 TEUR
Objekt Zwickau	Betreiber Famila Pflege AG	Mieteinnahme: 772 TEUR p.a., Mietvertrag bis 12/2022, Kaufpreisvorstellung 8.615 TEUR
Objekt Plauen	Betreiber Famila Pflege AG	Mieteinnahme: 967 TEUR p.a., Mietvertrag bis 12/2022, Kaufpreisvorstellung 10.917 TEUR
Leasingnehmer soll die Hundertsasser Verwaltungs-GmbH werden		

Orientierungshinweise

Aspekte des Immobiliengeschäfts:

1. Erläutern und beraten Sie Herrn Hundertsasser hinsichtlich seines Wunsches. Gehen Sie dabei auf die grundsätzliche Abwicklung solch einer Transaktion ein und stellen Sie ihm mögliche Vorteile dar.

Bankbetriebswirtschaftliche Aspekte:

2. Wie wird nach § 10a KWG die Kreditgewährung an die Leasinggesellschaft bzw. der neu gegründeten Objektgesellschaft betrachtet?

Informationsphase

Immobilie, Finanzierung

- Wie schätzen Sie die Bonität des Betreibers ein?
- Bestehen nach Ablauf der Mietverträge entsprechende Verlängerungsoptionen?
- Trägt der Betreiber alle Nebenkosten?
- Wofür möchten Sie die Verkaufserlöse verwenden?
- Wie können wir Ihnen bei Ihrem neuen Projekt behilflich sein?
- Wie hoch ist die betriebliche (Rest-) Nutzungsdauer der Objekte?

Sparen, Anlegen

Was halten Sie davon, wenn ich Ihnen aufzeigen kann, wie Sie noch auf privater Ebene Ihre Vermögensstruktur verbessern können?

Steuern

Mal angenommen, ich könnte Ihnen persönlich noch weitere Möglichkeiten aufzeigen, um Ihnen steuerliche Vorteile zu sichern. Ist das vom Grundsatz interessant für Sie?

Lösungsansätze Immobiliengeschäft

1. **Erläutern und beraten Sie Herrn Hundertsasser hinsichtlich seines Wunsches. Gehen Sie dabei auf die grundsätzliche Abwicklung solch einer Transaktion ein und stellen Sie ihm mögliche Vorteile dar.**

Bei dieser Variante verkauft die GmbH&Co KG als Eigentümerin der Objekte diese an eine Leasinggesellschaft. Mit dem Verkaufserlös werden dann i.d.R. weitere Investitionen getätigt. Anschließend wird das Leasingobjekt wieder zurückgeleast. Leasingnehmer und Hauptmieter ist dann entweder der bisherige Eigentümer oder wie in diesem Fall die Hundertsasser Verwaltungs-GmbH.

Der Hundertsasser Verwaltungs-GmbH fließen dann die Mieterträge aus dem Objekt zu, die für die Bedienung der Leasingrate benötigt werden. Dazu schließt die Hundertsasser Verwaltungs-GmbH einen Untermietvertrag mit dem Betreiber. Um im Falle einer Insolvenz der Hundertsasser Verwaltungs-GmbH nicht in Konflikte mit dem Insolvenzverwalter zu kommen, wird eine Erklärung nötig, durch die der Betreiber als Hauptmieter im Falle der Insolvenz der Verwaltungs-GmbH eingesetzt wird. Eine persönliche Bürgschaft von Herrn Hundertsasser ist erforderlich.

Die Leasinggesellschaft gründet eine eigene Projektgesellschaft (GmbH & Co KG) an der sich auch der bisherige Eigentümer beteiligen kann. Die Projektgesellschaft refinanziert diesen Ankauf i.d.R. zu 100% über ein Kreditinstitut. In diesem Fall durch die Muttergesellschaft im Bankkonzern.

Die Vertragsbeziehungen lassen sich wie folgt darstellen:

Vermögensverwaltende GmbH&Co KG:

Schließt den Kaufvertrag mit der Objektgesellschaft und beteiligt sich ggf. an dieser Gesellschaft.

Herr Hundertsasser:

Übernimmt eine Bürgschaft gegenüber der Objektgesellschaft der Leasinggesellschaft.

Leasinggesellschaft:

Gründet und verwaltet die Objektgesellschaft.

Hundertsasser Verwaltungs-GmbH:

Schließt mit der Objektgesellschaft den Leasingvertrag incl. Ankaufsrechtsvertrag und tritt die Untermietansprüche an die Objektgesellschaft ab.

Kreditinstitut:

Finanziert die Objektgesellschaft.

Famila Pflege AG:

Schließt den Untermietvertrag mit der Hundertsasser Verwaltungs-GmbH und gibt gegenüber der Objektgesellschaft eine entsprechende Erklärung zum Mietvertrag ab.

Auf der Internetseite zum Buch finden Sie auch eine grafische Darstellung der Vertragsbeziehungen.

Vorteile aus dieser Transaktion:

- Optimierung bestehender Finanzierungsstrukturen,
- Verbesserung der Bilanzkennziffern,
- Aufwandslinearisierung,
- langfristiges Mietverhältnis mit kalkulierbaren Kosten,
- gewerbesteuerliche Optimierung sowie
- Hebung stiller Reserven und somit Schaffung zusätzlicher Liquidität für Neuinvestitionen.

Weitere Besonderheiten bei der Abwicklung:

- Dem Leasingnehmer wird ein Ankaufsrecht zum Ende der Grundmietzeit zum Restwert eingeräumt.
- Die Bonitätsprüfung der finanzierenden Bank bezieht sich ausschließlich auf den Leasingnehmer und den Betreiber.
- Als Sicherheiten für die finanzierende Bank wird eine Grundschuld auf dem Beleihungsobjekt eingetragen (Beleihungswertprüfung) , die Leasingansprüche an den Leasingnehmer sowie alle Sicherungsrechte der Objektgesellschaft werden an die Bank abgetreten bzw. übertragen – insofern besteht auch die Durchgriffshaftung auf die Mieten des Betreibers.

- Die Leasingrate wird u.a. durch folgende Parameter bestimmt:
  - Zinsen für das eingesetzte Fremdkapital,
  - Tilgung der Mittel bis auf den kalkulierten Restwert,
  - Verwaltungskosten und Gewinnmarge der Leasinggesellschaft.

Es lassen sich grundsätzlich folgende Leasingmodelle im Immobilienleasing unterscheiden:

Vollamortisationsvertrag	**Teilamortisationsvertrag**	
	mit Mieterdarlehen	**ohne Mieterdarlehen**
Hier werden die Leasingraten so kalkuliert, dass sie alle Kosten der Herstellung bzw. Anschaffung incl. sämtlicher Nebenkosten (einschließlich Zinsen, Tilgung und Gewinnmarge) während der Grundmietzeit decken. Diese Modelle finden heute i.d.R. keine Anwendung mehr.	Auch hier werden in die Gesamtleistung des Leasingnehmers alle Kosten während der Grundmietzeit komplett hineingerechnet. Jedoch wird die Gesamtleistung aufgeteilt in eine Leasingrate, die ergebniswirksam ist und in ein ergebnisneutrales Mieterdarlehen, welches zum Zeitpunkt der Ausübung des Ankaufsrechts dem kalkulatorischen Restwert entspricht. Der Leasingnehmer bekommt dann das Objekt ohne weitere Liquiditätsbelastung. Im Falle der Nichtausübung ist das Mieterdarlehen zurückzuzahlen.	Hier wird nur ein Teil der Kosten (der Herstellung bzw. Anschaffung, die Nebenkosten incl. Zinsen, Tilgung und Gewinnmarge) in die Leasingrate während der Grundmietzeit eingerechnet. Nach Ablauf dieser Grundmietzeit kann das Leasingobjekt zum steuerlichen Restbuchwert erworben werden. Die Leasingraten sind voll abzugsfähig.

Um die steuerlichen Effekte hinsichtlich der Leasingraten zu erreichen, sind folgende Parameter zu erfüllen:

Entscheidend ist, wem der Leasinggegenstand steuerlich zugerechnet wird. Dieser hat den Vertragsgegenstand dann zu aktivieren. Ziel ist es, dass die Leasinggesellschaft die Aktivierung vornimmt. Um dies zu erreichen müssen bestimmte Parameter eingehalten werden, die im BMF-Schreiben vom 31.12.1991 für Teilamortisationsmodelle für Immobilienleasing bestimmt sind:
Der Leasinggegenstand wird bei Leasingverträgen mit Kauf- oder Mietverlängerungsoptionen dem Leasinggeber zugerechnet, wenn folgende Punkte erfüllt sind:

- Die Grundmietzeit darf höchstens 90% der betriebsgewöhnlichen Nutzungsdauer betragen.
- Bei Ausübung des Ankaufsrechts muss mind. der steuerliche Restbuchwert (nach linearer AfA) bezahlt werden.
- Die Sach- und Preisgefahrtragung muss beim Leasinggeber liegen. Dies bedeutet, dass der Leasinggeber u.a. die Kosten bei einem wirtschaftlichen Untergang trägt und der Leasingnehmer nicht verpflichtet ist, das Leasingobjekt wieder herzustellen.
- Der Leasingnehmer trägt keine ungedeckten Kosten des Leasinggebers bei vorzeitiger Vertragsaufhebung, die er nicht zu vertreten hat.
- Die Miete bei Ausübung der Verlängerungsoption beträgt mehr als 75% des Mietentgelts für vergleichbare Grundstücke (Objekte).

Weiteres zum Thema Leasing finden Sie im Fall 8.3.

Lösungsansätze Allgemeine Bankbetriebswirtschaft

2. Wie wird nach § 10a KWG die Kreditgewährung an die Leasinggesellschaft bzw. der neu gegründeten Objektgesellschaft betrachtet?

Die Leasingtochter und somit auch ihre Objektgesellschaften sind im Konzern der Bank verankert. Insofern liegt hier eine Konsolidierungspflicht gem. § 10a KWG vor. Ziel dieser Konsolidierung ist es, den Aufbau von Kreditpyramiden zu vermeiden. Forderungen und Verbindlichkeiten untereinander sind zu verrechnen, d.h. sie werden nicht mit berücksichtigt. Somit geht lediglich die Leasingforderung an die Hundertsasser Verwaltungs-GmbH in diese Betrachtung ein.

Mit welchen Fragen Sie noch rechnen müssen

- Mobilienleasingerlasse,
- Grundaufbau und Definition eines „normalen“ Leasing.

Spezielle verkäuferische Ansätze

- Zielorientierte Bestandsaufnahme des Kundenwunsches.
- Grafische Darstellungen zur Dokumentation der Vorteile der Leasingstruktur. Zeichnen Sie dem Kunden am besten die Grafik auf und skizzieren ihm die Vorteile in Stichworten.
- Halten Sie auch an dieser Stelle den Jahresabschluss Ihres Hauses bereit, um auch die Leasingtochter vorstellen zu können.

Cross-Selling-Ansätze

Produkte zur Bedürfnisebene Sparen, Anlegen:

- Analyse und Neustrukturierung seiner Vermögenswerte um z.B. Closed-End-Funds oder Ähnliches einzubauen.

Produkte zur Bedürfnisebene Steuern:

- Erwerb einer vermieteten Immobilie im Privatvermögen und
- Closed-End-Funds.

6.6 Präsentation, Marketing bei der Immobilienfinanzierung

Situation

Die Preußenbank AG ist eine kleine Regionalbank in Brandenburg. In den letzten Jahren ist das Baufinanzierungsgeschäft mit Privatkunden immer weiter zurück gegangen. Nun wird in der näheren Umgebung ein großes Neubaugebiet erschlossen. In diesem Neubaugebiet sollen 120 Einfamilienhäuser erbaut werden.
Als Leistungsträger Ihrer Bank im Immobilienfinanzierungsbereich werden Sie von Ihrem Vorstand beauftragt, in einer kurzen Präsentation darzustellen, wie die Preußenbank AG unter Berücksichtigung der neuen Potenziale im Baufinanzierungsbereich ihr Baufinanzierungsgeschäft verbessern kann.

Orientierungshinweise

Entwickeln Sie unter Berücksichtigung des Bankmarketings ein Marketingkonzept und präsentieren Sie die Ergebnisse Ihrem Vorstand.

Lösungsansätze und Medieneinsatz

Bei einer guten Präsentation kommt es auf eine klare Gliederung an. Das Ziel muss nun zunächst konkretisiert werden. Das allgemeine Ziel kann als konkrete Zielstellung wie folgt definiert und zu einer steuernden Größe dargestellt werden:

Zieldefinition:

120 Einfamilienhäuser zu einem durchschnittlichen Preis von angenommen 300 TEUR ergeben Anschaffungskosten bzw. Herstellungskosten von 36.000.000,00 EUR. Davon ausgehend, dass die Preußenbank AG 40% der potenziellen Käufer als Finanzierungskunden gewinnen kann, ergäbe dies ein Anteil von 14.400.000,00 EUR. Bei einer durchschnittlichen Eigenkapitalquote von 20% ergäbe sich ein Finanzierungsvolumen von 11.520.000,00 EUR. Bei einer Zinskonditionenmarge von 0,9% beträgt der jährliche Zinskonditionenbeitrag 103.680,00 EUR. Insgesamt können somit 48 neue Kunden gewonnen werden.

Nachdem nun ein messbares Ziel definiert worden ist, kann mit der Planung der Maßnahmen begonnen werden.

Im Bankmarketing ist zu Beginn die Marktforschung von Bedeutung.

Im Rahmen der Marktforschung sollen u.a.

- Kundensegmente identifiziert werden,
- Kundenbedürfnisse analysiert werden,
- mögliche interne Veränderungen geprüft und
- die absatzpolitischen Instrumente vorbereitet werden.

Mit den Ergebnissen der Marktforschung wird dann die Zielstellung überprüft bzw. eine konkrete Zielstellung formuliert. Das Bankmarketing ist ein wesentliches Instrument der Bankpolitik bzw. Banksteuerung.

Mit den absatzpolitischen Instrumenten werden dann Maßnahmen eingeleitet, die dazu beitragen das Ziel zu erreichen.

Die absatzpolitischen Instrumente lauten:

- Produktpolitik bzw. Sortimentspolitik,
- Preispolitik,
- Vertriebspolitik und
- Kommunikationspolitik.

Die obigen Informationen lassen sich nun wie folgt ausbauen und präsentieren:

Flip-Chart: Zieldefinition darstellen

Flip-Chart bzw. Pinwand:

Marktforschung mit den einzelnen Punkten darstellen. Dies kann z.B. wie folgt geschehen:

Kundensegmente identifizieren	Absprache mit dem bzw. den Bauträgern, welche Häusertypen zu welchen Preisen erstellt werden. Welche Kunden erwartet der Bauträger?
Kundenbedürfnisse analysieren	Umfrage bei den potenziellen Kunden, die im Rahmen der Akquise des Bauträgers sich das Neubaugebiet ansehen.

- Entscheidend für den Erfolg der Marktforschung sind die Kontakte zu den oder dem Bauträger.

- Wenn frühzeitig eine Kooperation geschlossen wird, können anhand der Angaben des Bauträgers oder der Bauträger alle wesentlichen Informationen einigermaßen genau beschafft werden.

Bei der Verwendung einer Pinwand können die einzelnen Kärtchen nach Hauptpunkten gruppiert werden. Beim Einsatz des Flip-Charts sollten Sie mit einem dicken Stift schreiben und viel Platz lassen.

Tageslichtprojektor: Einsatz der absatzpolitischen Instrumente auf einer Folie darstellen

Produktpolitik bzw. Sortimentspolitik	➢ Einbindung der Eigenheimzulage als abgezinstes Darlehen ➢ Beleihungen bis 100% der Gestehungskosten ➢ Darlehen mit CAP-Vereinbarungen
Preispolitik	Sonderkontingent mit Sonderkonditionen für dieses Neubaugebiet – Zinskonditionenmarge mind. 0,9%
Vertriebspolitik	Mitarbeiter sind in der Zeit von 8.00 Uhr bis 18.00 Uhr in einem Beratungspavillion im Neubaugebiet anwesend
Kommunikationspolitik	➢ Bewerbung des Sonderkontingentes in der örtlichen Tageszeitung ➢ Handzettel verteilen

Hinweis:

Im Buch Allgemeine Bankbetriebswirtschaft von Olaf Fischer werden die absatzpolitischen Instrumente ausführlich erklärt und die Einbindung des Bankmarketings in die Bankpolitik umfassend dargestellt

Firmenkundengeschäft

7. Pläne und Ziele eines Firmenkunden

Wie bereits beschrieben, setzen die Kunden ihre Prioritäten sehr unterschiedlich. Die individuellen Pläne und Ziele des einzelnen Kunden beziehen sich auch im Firmenkundengeschäft auf spezielle Bedürfnisebenen und erfordern daher auch spezielle Ansätze, die nun näher erläutert werden.

Bedürfnisebene Finanzierung:

Unter Finanzierung wird im Allgemeinen die Beschaffung von Kapital zur Erweiterung des Betriebes oder einer Investition verstanden. Besonders interessant für die Banken ist dabei die Fremdfinanzierung, also die Aufnahme von Geldern bei Akteuren außerhalb des Unternehmens. Das Spektrum der Finanzierungsbedürfnisse eines Firmenkunden ist sehr weit reichend. Es erstreckt sich von einfachen Finanzierungswünschen, wie Betriebsmitteln oder neuen Anlagevermögen bis hin zur komplexen Beschaffung von Mitteln über den Kapitalmarkt.

Lösungsansätze für die Bedürfnisebene Finanzierung

- *Betriebsmittelkredit*
- *Investitionsfinanzierung*
- *Kapitalmarktfinanzierung*
- *Kontokorrentkredit*
- *ABS Transaktionen*

Bedürfnisebene Unternehmenssicherung und -nachfolge:

Besondere Bedeutung bekommt das Thema Unternehmenssicherung und –nachfolge aus verschiedenen Gründen. Zum einen, wenn der Inhaber oder Eigentümer des Unternehmens sich allmählich aus der Firma zurückziehen möchte, aber auch dann, wenn die Etablierung und das Unternehmenswachstum weiteren Kapitalbedarf erfordern. Je nach Fall kommen daher sehr unterschiedliche Ansätze in Frage.

Lösungsansätze für die Bedürfnisebene Unternehmenssicherung

- *Mergers&Acquisitions (M&A)*
- *Direkte Vermittlung*
- *Börsengang (IPO)*
- *Ratgeber*
- *Internetservices (Nachfolgebörsen)*

Bedürfnisebene Vorsorge, Absicherung:

Unter dem Aspekt der Vorsorge und der Absicherung steht im Firmenkundengeschäft das jeweilige Unternehmen im Vordergrund. Dabei sind die verschiedensten Formen der Absicherung denkbar. Beginnend bei einfachen Vertretungsregelungen über Versicherungen bis hin zu komplexen derivativen Geschäften reicht das Spektrum.

Lösungsansätze für die Bedürfnisebene Vorsorge, Absicherung

- *Vollmachten*
- *Risikoversicherungen*
- *Devisentermingeschäfte*
- *Sachversicherungen*
- *Warentermingeschäfte*

Bedürfnisebene steuerliche Optimierung, öffentliche Förderung:

Streng genommen handelt es sich in dieser Bedürfnisebene häufig auch um Finanzierungswünsche. Da diese auch unter steuerlichen oder öffentlich geförderten Aspekten betrachtet werden können, wird hierfür eine eigene Bedürfnisebene definiert. Gerade im gewerblichen Geschäft spielen Steuern eine wichtige Rolle. Daher kommt es auch nicht selten vor, dass der Kunde gemeinsam mit seinem Steuerberater einen Termin bei der Bank wahrnimmt. Ebenso kann es gerade bei Existenzgründungen aber auch bei etablierten Unternehmen um öffentliche Fördermittel oder Kredite gehen.

Lösungsansätze für die Bedürfnisebene steuerliche Optimierung, öffentliche Förderung

- *Leasing*
- *Wagnisbeteiligung*
- *Öffentliche Kredite*
- *Investitionszuschüsse*

Bedürfnisebene Sparen, Anlegen:

Gespart und angelegt wird nicht nur im privaten Bereich, auch Unternehmen unterhalten Guthaben bei Banken. Teilweise werden Gelder nur kurzfristig geparkt, um wieder investiert zu werden, teilweise werden aber auch Reserven angelegt, um in wirtschaftlich schwierigen Zeiten die notwendige Liquidität zu Gewähr leisten.

Lösungsansätze für die Bedürfnisebene Sparen, Anlagen

- *Tagesgelder*
- *Termingelder*

Bedürfnisebene Geldverkehr:

Unter dem Geldverkehr werden gemeinhin alle Dienstleistungen rund um den Zahlungsverkehr, E-Commerce und das Kartengeschäft verstanden. Einen wichtigen Bestandteil im Firmenkundengeschäft der heutigen Zeit bildet auch der Geldverkehr mit dem Ausland.

Lösungsansätze für die Bedürfnisebene Geldverkehr

- *Kontokorrentkonto*
- *Akkreditive*
- *Dokumenteninkasso*
- *E-Business/Commerce*
- *Zahlungssysteme*

In jedem Prüfungsfall ist zumindest eine Bedürfnisebene durch den Fall selbst bereits vorgegeben. Wichtig ist es zu erkennen, welche weiteren Ebenen mit der vorgegebnen Ebene verwandt sind, um Cross-Selling Potenziale zu nutzen.

In den folgenden Prüfungsfällen wird Ihnen zur Cross-Selling-Unterstützung immer die folgende Tabelle als Hilfe zur Verfügung gestellt. Dabei ist die obere Ebene immer die Ausgangsebene, die durch den Fall vorgegeben wird. Darunter finden Sie zwei verwandte Ebenen, die in der Informationsphase relativ leicht vernetzt werden können. Unter der jeweiligen verwandten Ebene finden Sie zusätzlich noch einen Formulierungsvorschlag, um die entsprechende Vernetzung herzustellen.

Für den Fall, dass der Prüfer ihren ersten Ansatz verwerfen sollte, haben Sie immer noch eine Ausweichmöglichkeit, um den Zusatzverkauf zu platzieren. Auf mehr als zwei verwandte Ebenen sollten Sie aus Zeitgründen in Ihrer Prüfung nicht eingehen.

Durch den Fall vorgegebene Ebene

- W-Frage 1, die sich aus dem konkreten Fall bereits ergibt.
- W-Frage 2, die sich aus dem konkreten Fall bereits ergibt.
- …

Verwandte Ebene 1

- W-Frage bzw. Formulierung, die einen Zusatzverkauf ermöglichen kann.

Verwandte Ebene 2

- W-Frage bzw. Formulierung, die einen Zusatzverkauf ermöglichen kann.

8. Prüfungsfälle Firmenkundengeschäft

Diejenigen unter Ihnen, die als Wahlpflichtfach Firmenkundengeschäft gewählt haben, werden nun mit möglichen Prüfungsfällen konfrontiert. In Fällen, in denen auch Parallelen zu einer der beiden anderen Disziplinen bestehen, weisen wir Sie jeweils besonders darauf hin.

8.1 Finanzierung und Erfolgsanalyse

Situation

Der Neukunde Peter Müller ist Komplementär der Peter Müller OHG. Herr Müller möchte in diesem Jahr (das Jahr „04") für die OHG ein Darlehen über 500.000 EUR aufnehmen, das zur Finanzierung zweier LKW dienen soll. Er hat Ihnen zu diesem Gespräch vorab schon einmal den vorletzten Jahresabschluss der OHG zukommen lassen.

Gewinn- und Verlustrechnung (in TEUR)			
Jahr „02"			**Jahr „01"**
Umsatzerlöse	3.700	Umsatzerlöse	3.754
Sonstige Erlöse	600	Sonstige Erlöse	
Materialaufwand	517	Materialaufwand	553
Personalaufwand	1.419	Personalaufwand	1439
AfA	574	AfA	619
Sonstige Kosten	912	Sonstige Kosten	950
Forderungsverluste	81	Forderungsverluste	40
Leasingaufwand	12	Leasingaufwand	0
Zinsaufwand	90	Zinsaufwand	83
Jahresüberschuss	**695**	**Jahresüberschuss**	**70**

Orientierungshinweise

Aspekte des Firmenkundengeschäfts:

1. Berechnen Sie folgende Größen: Rohertrag(-squote), Abschreibungsquote, Cashflow
2. Wie beurteilen Sie die Ertragslage und die neue Finanzierung? Welche weiteren Unterlagen brauchen Sie?
3. Welche Finanzierungsformen bieten sich an?

Rechtliche / Bankbetriebswirtschaftlich Aspekte:

4. Welche Sicherheiten bieten sich für ein solches Darlehen an?
5. Worin bestehen die Risiken und Probleme dieser Sicherheiten?

Hinweis:

Lesen Sie vor Bearbeitung dieses Falls am besten noch das Kapitel 6.1 (Immobiliengeschäft). Dort werden die wichtigsten Grundlagen des Kreditgeschäftes (Kreditfähigkeit, Kreditwürdigkeit, Kapitaldiensfähigkeit usw.) noch einmal kurz zusammengefasst und erläutern.

Informationsphase

Finanzierung

- Wozu werden die LKW benötigt und wie lange werden sie genutzt?
- Wie hoch ist der Kauf-/ Marktpreis der LKW?
- Wie steht es um die Auslastung der Firma bzw. der neuen LKW?
- Woher resultieren die Forderungsverluste im Jahr „02“?
- Welche aktuelleren Unterlagen (Jahresabschluss, Betriebswirtschaftliche Auswertung) können eingereicht werden?
- Wann können diese Unterlagen eingereicht werden?
- Wie hat sich das Unternehmen seit dem vorliegenden Jahresabschluss entwickelt?
- Woher stammen die sonstigen Erlöse in Höhe von 600 TEUR im Jahresabschluss „2“?
- Welche Besicherung, Laufzeit und Zahlungsmodalität stellt sich Herr Müller für das Darlehen vor?
- Wie viele weitere Gesellschafter hat die OHG?
- Ist Herr Müller auch privat Kunde der Bank?
- Wie hoch ist das private Vermögen?
- Wie hoch ist das Kreditvolumen der Gesellschaft?

Absicherung

Wie sollen die LKW versichert werden?

Ggf. Unternehmensnachfolge

Wie stellen Sie sich die künftige Geschäftsführung der Gesellschaft vor? Welche größeren Expansionspläne verfolgen Sie in Zukunft? Wo sehen Sie ihr Unternehmen in fünf bis zehn Jahren?

Lösungsansätze Firmenkundengeschäft

1. Berechnen Sie folgende Größen: Rohertrag(-squote), Abschreibungsquote und Cashflow

Der Rohertrag errechnet sich als Differenz zwischen Umsatzerlösen und Materialaufwand.

Rohertrag und Rohertragsquote

	Position:	Betrag TEUR		Quote in %	
		„02"	„01"	„02"	„01"
+	Umsatzerlöse	3.700	3.754	100	100
./.	Materialaufwand	517	553	13,78	14,73
=	**Rohertrag**	**3.183**	**3.201**	**86,02**	**85,27**

Bei der Abschreibungsquote können Sie sofort das Verhältnis aus Abschreibung und Umsatzerlösen errechnen.

Abschreibungsquote

	Position:	Betrag TEUR		Quote in %	
		„02"	„01"	„02"	„01"
+	Umsatzerlöse	3.700	3.754	100	100
=	**Abschreibung (AfA)**	**574**	**619**	**15,51**	**16,49**

Der Cashflow ist eine Größe, die angibt wie viele Zahlungsmittel dem Unternehmen aus der Geschäftstätigkeit tatsächlich zufließen. Es handelt sich also um eine Zahlungsmittelgröße. Sie stellt einen wichtigen Faktor bei der Berechnung der Kapitaldienstfähigkeit dar. Der Cashflow errechnet sich vereinfacht mit Hilfe der so genannten Praktikerformel wie folgt:

Cashflow

	Position:	Betrag TEUR		Quote in %	
		„02"	„01"	„02"	„01"
+	Jahresüberschuss	695	70		
./.	Zuschreibung*	*	0	*	0
+	Abschreibung	517	553	13,78	14,73
=	**Cashflow**	**1.212**	**623**		

* Falls vorhanden (hier evtl. in den sonstigen Erlösen im Jahr 08)

Es kann darüber hinaus auch eine Cashflow-Rentabilität berechnet werden. Dazu wird der Cashflow zu den Umsatzerlösen ins Verhältnis gesetzt.

2. Wie beurteilen Sie die Ertragslage und die neue Finanzierung? Welche weiteren Unterlagen brauchen Sie?

- Die Ertragslage scheint auf den ersten Blick im Jahre „02“ gut.
- Frage: Woher stammen die 600 TEUR sonstiger Ertrag? Periodenfremde oder neutrale Erträge werden aus dem Jahresergebnis herausgerechnet, wenn auf die viel bedeutsamere Kennzahl Betriebsergebnis abgestellt wird. Das Betriebsergebnis drückt aus, welchen Anteil des Gesamtergebnisses durch das operative Geschäft des Unternehmens generiert wurde.
- Der Umsatz ist im Jahr „02“ im Vergleich zum Vorjahr etwas zurückgegangen. Es wäre daher sinnvoll zu erfahren, wie sich der Umsatz im aktuellen Geschäftsjahr entwickelt hat.
- Vorliegender Jahresabschluss ist nicht aktuell genug, um eine fundierte Kreditentscheidung zu treffen. Mit den vorliegenden Unterlagen wäre zudem die Offenlegungspflicht der wirtschaftlichen Verhältnisse nach § 18 KWG nicht erfüllt.
    - Prüfung § 18 KWG:

      Erstoffenlegung: Es wird neues Geld ausbezahlt (ist hier der Fall).

      Laufende Offenlegung: Es wird turnusmäßig die Bonität des Kreditnehmers überprüft.

      Die Prüfung der Offenlegungspflicht können Sie anhand des verkürzten Schemas (das für Ihre Prüfung aber völlig ausreichen sollte) auf der folgenden Seite durchführen.

Prüfung der Offenlegungspflicht gem. § 18 KWG an einem Beispiel:

Prüfung auf Offenlegung nach § 18 KWG	TEUR	Erläuterung
Gesamtobligo		Kredite gem. KWG
Ausnahmen/Kürzungen	-	z.B. Kommunalkredite, Besicherung durch Grundpfandrechte innerhalb 60% des Beleihungswertes
Kredite gem. § 18 KWG	=	
	Ist der Betrag höher als 750 TEUR?	
Ja => Offenlegungspflicht		**Nein => keine Offenlegungspflicht**
Sollte der Kredit voll besichert sein, kann es noch zu einer Befreiung von der Offenlegungspflicht kommen		
Festverzinsliche Anleihen einer Gebietskörperschaft, Zone A	-	Je nach Restlaufzeit zwischen 80 bis 95 % des Kurswertes
Aktien in EUR notiert	-	60 % des Kurswertes
Bundesschatzbriefe, Finanzierungsschätze	-	100 % des aktuellen Kapitalbetrages
Sicht-, Spar-, Termineinlagen	-	Aktueller Kapitalbetrag
Bausparguthaben	-	Angespartes Guthaben
Lebensversicherungen	-	80 % des Rückkaufwertes
Investmentzertifikate in Wertpapieren	-	60 % des Rücknahmepreises
Edelmetalle	-	50 % des Metallwertes
Grundpfandrechte zwischen 60 und 80 % des Beleihungswertes ***(nur bei laufender Offenlegung)***	-	***Voraussetzung*** ist, dass es sich um selbstgenutztes Wohneigentum handelt, die Kredite in voller Höhe durch Grundpfandrechte innerhalb 80 % des Beleihungswertes besichert sind und der Kapitaldienst störungsfrei erbracht wird
Ungesicherter Kredit	=	
	Ist der verbleibende ungesicherte Kredit größer 0?	
Ja => Offenlegungspflicht		**Nein => keine Offenlegungspflicht**

In den meisten Fällen in Ihrer mündlichen Prüfung wird es sich ohnehin um große Engagements handeln, die in jedem Fall offenlegungspflichtig sind. Wenn Sie dann auf den ersten Blick schon erkennen, dass es sich um Blankoanteile in Millionenhöhe handelt, können Sie auf die Überprüfung nach dem o.g. Schema getrost verzichten. Folgende Tabelle verdeutlicht, welche Unterlagen bei welchem Kreditnehmer zumindest einzuholen sind.

Kapitalgesellschaft ohne MHG	Personengesellschaft, Freiberufler, Kapitalgesellschaft mit MHG	Erstoffenlegung*	Laufende Offenlegung*
***Gesellschaft*:** Zumindest der aktuellste Jahresabschluss, aber besser die Letzten drei	***Gesellschaft*:** Jahresabschluss / Einnahmen-/Überschussrechnung (jeweils mindestens aktuell, besser aber die letzten drei)	jeweils 12 Monate	jeweils 24 Monate
	Privatbereich (MHG, Vollhafter [OHG, Einzelunternehmen], Komplementäre): a) Aufstellung des Vermögens und der Schulden b) Einkommensteuerbescheid	Jeweils 12 Monate	a) 12 Monate b) 24 Monate
Ggf. Ersatzunterlagen (Gesellschaft): Aussagefähig Betriebswirtschaftliche Auswertung mit Summen- und Saldenliste, Planrechnungen, Debitorenliste, Vorratsliste	***Ggf. Ersatzunterlagen (Gesellschaft):*** Aussagefähig Betriebswirtschaftliche Auswertung mit Summen- und Saldenliste, Planrechnungen, Debitorenliste, Vorratsliste ***Ggf. Ersatzunterlagen (Privatbereich):*** Einkommensteuererklärung		

MHG = Mehrheitsgesellschafter

* = maximales Alter der Unterlagen für Erfüllung der Offenlegungspflicht

➢ Für die Entscheidung über die Finanzierung brauchen Sie in diesem Falle weitere Unterlagen:
  - Neuesten Jahresabschluss (hier für das Jahr „03")
  - Ersatzunterlagen (aussagefähige Betriebswirtschaftliche Auswertung (BWA) jüngeren Datums mit Summen- und Saldenliste).
  - Unterlagen aus dem Privatbereich der Gesellschafter einholen (vgl. o.g. Tabelle).

➢ Die Offenlegung der wirtschaftlichen Verhältnisse ist nicht nur eine rechtlich verpflichtende Angelegenheit. Darüber hinaus verlangt auch ein vernünftiges betriebswirtschaftliches Agieren die Offenlegung der wirtschaftlichen Verhältnisse. Schließlich möchten die Kreditinstitute die ordnungsgemäße Bedienung (Zins und Tilgung) der ausgeliehen Gelder sichern. Dazu ist eine Analyse der Zahlungsfähigkeit der Kreditnehmer unerlässlich.

3. Welche Finanzierungsformen bieten sich an?

Da es sich in diesem Fall um eine langfristige Investition handelt, die nicht direkt aus dem laufenden Cashflow des Unternehmens bezahlt wird, handelt es sich um eine Investitionsfinanzierung. Es bieten sich einerseits gewöhnliche Finanzierungen in Form eines Darlehens an, das dem Kunden für eine längere Laufzeit gewährt wird. Möglich wäre ein Fest-, ein Annuitäten- oder ein Abzahlungsdarlehen, das auf einem speziellen Konto eingerichtet wird. Die Zahlungen für Zins und Tilgung werden dann vom Kontokorrentkonto des Unternehmens abgebucht. Aber auch eine Leasingfinanzierung kann sich, vor allem unter steuerlichen Aspekten, anbieten. Eine pauschale Antwort nach der steuerlich optimalen Finanzierungsform kann nicht gegeben werden. Die genaue Berechnung der Vorteilhaftigkeit einer Finanzierung sollte der Kunde mit seinem Steuerberater durchgehen. Hier sollen zunächst die Investitionskredite in Form von Darlehen näher beleuchtet werden. Auf das Thema Leasing wird an anderer Stelle näher eingegangen (vgl. hierzu Kapitel 8.3 im Firmenkundengeschäft oder für die Spezialform „Sale an Lease Back" Kapitel 6.5 im Immobiliengeschäft).

Annuitätendarlehen (500 TEUR, 6 % Zins, 6 % Tilgung):

Jahr	Betrag (TEUR)	Zins (TEUR)	Tilgung (TEUR)	Jährl. Rate (TEUR)
1	500	30	30	60
2	470	28,2	31,8	60
3	438,2	26,29	33,71	60
4	404,49	...	...	...

Abzahlungsdarlehen (500 TEUR, 6 % Zins, 10 Jahre Laufzeit)

Jahr	Betrag (TEUR)	Zins (TEUR)	Tilgung (TEUR)	Jährl. Rate (TEUR)
1	500	30	50	80
2	450	27	50	77
3	400	24	50	74
4	350	...	...	...

Festdarlehen (500 TEUR, 6 % Zins, 4 Jahre Laufzeit)

Jahr	Betrag (TEUR)	Zins (TEUR)	Tilgung (TEUR)	Jährl. Rate (TEUR)
1	500	30	0	30
2	500	30	0	30
3	500	30	0	30
4	500	30	500	530
5	0	0	0	0

Lösungsansätze Recht und Bankbetriebswirtschaft

4. Welche Sicherheiten bieten sich für ein solches Darlehen an?

Bei Investitionsfinanzierungen steht zunächst einmal das zu finanzierende Objekt selbst als Sicherheit zur Verfügung. Bei der Finanzierung von Grund und Boden kann also eine Grundschuld hereingenommen werden. Bei Mobilien wird die Finanzierung auf andere Formen der Sicherheit abgestellt. In diesem Falle werden zwei LKW finanziert, die sicherungsübereignet werden könnten. Die Sicherungsübereignung ist eine abstrakte Sicherheit, die mit weitem oder engem Sicherungszweck vereinbart werden kann. Mit Hilfe des so genannten Besitzkonstitutes, bleibt die Bank Eigentümer der LKW, überlässt diese aber zur Nutzung der OHG (Besitzer). Eine selbstschuldnerische Bürgschaft macht in diesem Fall kaum Sinn, da Herr Müller als OHG-Gesellschafter ohnehin persönlich unbeschränkt haftet. Unter Umständen kann eine Bürgschaft aber sinnvoll sein, wenn ein Gesellschafter aus der OHG ausscheidet, da so seine Haftung für die Bank auch nach dem Verlassen des Unternehmens weiterhin besteht.

5. Worin bestehen die Risiken und Probleme dieser Sicherheiten?

Risiken bestehen bei der sich hier anbietenden Sicherungsübereignung aus zweierlei Gründen. Zum einen ist es möglich, dass das Sicherungsobjekt untergeht beispielsweise durch Verkehrsunfall oder Verkauf an einen gutgläubigen Dritten. Zum anderen besteht die Gefahr, dass die sicherungsübereignete Mobilie in vermieteten Räumen, Garagen oder Hallen untergebracht ist. Sollte der Darlehensschuldner seine Mietzahlungen nicht erbringen, so kann der Vermieter unter Umständen von seinem Vermieterpfandrecht Gebrauch machen und die sicherungsübereignete Mobilie verwerten. Ähnlich steht es mit Grundpfandrechten anderer Gläubiger. Hier kann eine auf dem Grundstück stehende Mobilie als Grundstückszubehör gelten und unter Umständen verwertet werden. Schutz vor dem Untergang des Sicherungsgutes bietet bei den LKW eine entsprechende Vollkaskoversicherung. Im Idealfall wird die Sicherungsübereignung der Versicherungsgesellschaft angezeigt, sodass diese im Schadensfall schuldbefreiend an das Kreditinstitut leistet. Um sich vor einem gutgläubigen Erwerb durch Dritte zu schützen, sollten die Kfz-Briefe der LKW an die Bank übergeben werden.

Mit welchen Fragen Sie noch rechnen müssen

- Fragen nach weiteren Bilanz- oder GuV Kennzahlen
- Fragen zur Vergleichbarkeit von Kennzahlen. Ist der ermittelte Wert gut oder weniger gut)
- Spezialfragen zu den Sicherheiten, insbesondere zur Sicherungsübereignung (Arten, Fragen nach Wertansätzen, Alternative zum Besitzkonstitut falls das Sicherungsgut bei einem Dritten verbleibt)
- Fragen zur Betriebswirtschaftlichen Auswertung (BWA), deren Aussagefähigkeit und Unterschiede zur G+V-Rechnung. Insbesondere sollten Sie auch die Nachteile der BWA kennen.

Spezielle verkäuferische Aspekte

- Vergessen Sie gerade bei diesem Gespräch Ihre Visitenkarte nicht und setzen Sie diese gezielt ein! Hier ist es geschickt, die Visitenkarte nicht am Ende des Gesprächs heraus zu geben, sondern gleich zu Beginn, wenn Sie sich dem Kunden als sein persönlicher Berater vorstellen. Eine Herausgabe am Ende des Gesprächs wirkt eher wie eine kleine Zugabe, und die Wirkung ist bei weitem nicht so effektiv.
- Visualisieren Sie die Zusammenhänge:
  - Unterschiedliche Darlehensformen
  - Ggf. Gestaltung der Sicherheiten (Besitzkonstitut bei Sicherungsübereignung)

- Machen Sie dem Kunden konkrete Notizen, welche Unterlagen Sie noch von ihm benötigen und geben Sie ihm das entsprechende Blatt mit.

Cross-Selling-Ansätze

Produkte zur Bedürfnisebene Absicherung:

- Haftpflichtversicherung der LKW
- Teil- oder Vollkaskoversicherung der LKW

Produkte zur Bedürfnisebene Unternehmensnachfolge:

- Unternehmensbörse
- Ratgeber/Bücher (Vererben, Nachfolgeregelung)
- Überleitung an Spezialbetreuer
  - M & A
  - Börsengang

8.2 Auslandsgeschäft

Situation

Die ASDF GmbH ist ein stark expandierendes Maschinenbauunternehmen, das sich auf die Fertigung von Kleinkraftwerkselementen spezialisiert hat.

Im Zuge der Expansion werden nun auch ausländische Märkte erschlossen. Ein erster Auslandskontrakt mit einem Partner in Chile über 50 Großkomponenten kann nun geschlossen werden. Allerdings möchten sich die chilenischen Geschäftspartner zusätzlich mit einer Liefergarantie absichern.

Für den Fall, dass der Vertrag zu Stande kommt, sollen die Elemente aus Deutschland nach Chile geliefert werden und im Gegenzug die Zahlung von ca. 600.000 US-Dollar erfolgen.

Informieren Sie die Geschäftsführerin der ASDF GmbH.

Orientierungshinweise

Aspekte des Firmenkundengeschäfts:

1. Welche Risiken können sich im Auslandsgeschäft allgemein und welche konkreten finanziellen Risiken aus dem o.g. Kontrakt ergeben?
2. Definieren Sie den Begriff Garantie und erläutern Sie das Wesen sowie die Funktionsweise der Garantie?
3. Welche Garantien gibt es noch neben der Liefergarantie?
4. Wie können die Risiken aus dem Geschäft vermindert bzw. abgedeckt werden?

Rechtliche / Volkswirtschaftliche Aspekte:

5. Welche Rechtsgrundlage gibt es für die Garantie?
6. Wo und in welcher Form werden derartige Transaktionen statistisch erfasst?

Informationsphase

Finanzierung

Fassen Sie kurz die Ihnen gegebenen Informationen zusammen:

...„Telefonisch hatten Sie mir bereits mitgeteilt, dass Sie beabsichtigen, Elemente im Gegenwert von ca. 600.000 USD nach Chile zu exportieren. Zur Abwicklung des Kontraktes brauchen Sie noch eine Liefergarantie für Ihren Geschäftspartner. Ist das so weit richtig?"

- Welche Veränderungen könnten sich nach Ihrer Meinung noch bei diesem Kontrakt ergeben?
- Wie hoch wird der genaue Kontraktwert sein?
- Für wie zuverlässig halten Sie Ihren chilenischen Geschäftspartner?
- Besteht die Möglichkeit, den Kontrakt in Euro zu schließen?
- Wie hoch soll die zu stellende Garantie sein?
- Welche Form der Garantie stellt sich Ihr Geschäftspartner vor?

Absicherung

Welche Risiken kennen Sie, die sich durch den Kontrakt ergeben können?

Welche dieser Risiken sind Sie bereit einzugehen, welche möchten Sie lieber absichern?

Geldverkehr

Wie stellen Sie sich die Abwicklung der Zahlung für die von Ihnen gelieferte Ware vor?

Lösungsansätze Firmenkundengeschäft

1. Welche Risiken können sich im Auslandsgeschäft allgemein und welche konkreten Risiken aus dem o.g. Kontrakt ergeben?

Allgemeine Risiken im Auslandgeschäft sind vor allem:

- Wirtschaftliche Risiken (finanziell)
- Rechtliche Risiken (anderer Rechtsraum)
- Kulturelle Risiken (Religion, Sitten/Gebräuche)
- Politische Risiken (politische Stabilität)

Neben diesen zunächst allgemein gehaltenen Risiken sind vor allem die finanziellen Risiken für den oben genannten Fall interessant. Ihr Kunde ist Exporteur und damit vor allem dem Transport-, Abnahme-, Währungs-, Inkasso-, Transfer- und politischen Risiken ausgesetzt. Unter Umständen ergeben sich auch Zinsrisiken.

2. Definieren Sie den Begriff Garantie und erläutern Sie das Wesen sowie die Funktionsweise der Garantie?

Definition:

Durch eine Garantie verpflichtet sich ein Kreditinstitut, mit der Zahlung eines bestimmten Geldbetrages für einen künftigen Erfolg einzustehen oder die Gewähr für einen künftigen, noch nicht eingetretenen Schaden zu übernehmen.

Eine Garantie erfordert gewisse Mindestinhalte, damit von einer echten Garantie gesprochen werden kann. Zu diesen Mindestinhalten zählen in aller Regel:

- Das verbindliche, abstrakte Zahlungsversprechen
- Der Garant (Bank)
- Bestimmte oder bestimmbarer Garantie-/Geldbetrag
- Bestimmte Währung
- Der Garantienehmer
- Die Art der Garantie
- Die Nennung des Grundgeschäftes

Wichtig ist es, dass aus der Garantie keine Rückschlüsse dergestalt gezogen werden können, dass das Kreditinstitut für die Erfüllung des Grundgeschäftes einsteht. Vielmehr geht es ausschließlich um die Übernahme des Zahlungsversprechens, also nur einer finanziellen Leistung.

In der Praxis werden verschiedene Typen der Garantie unterschieden. Auf drei dieser Formen wird im Folgenden näher eingegangen.

Direkte Garantie:

Unter einer direkten Garantie wird der Sachverhalt verstanden, dass der Garant (Bank) sein abstraktes Zahlungsversprechen direkt gegenüber dem Garantiebegünstigten (Partner in Chile) abgibt.

Indirekte Garantie:

Von der indirekten Garantie ist dann die Rede, wenn der Garant (Bank) einer zweiten Bank (i.d.R. im Land des Begünstigten) den Auftrag gibt, eine Garantie bereitzustellen. Die indirekte Garantie wird durch die Auslandsbank gegenüber dem Begünstigten gestellt.

Bestätigte Garantie:

Bei der bestätigten Garantie gibt die inländische Bank zwar ein direktes abstraktes Zahlungsversprechen ab, lässt dieses allerdings durch eine ausländische Bank gegenzeichnen. Die ausländische Bank tritt praktisch der inländischen Bank bei. Da beide Banken im Leistungsfall haften, hat der Garantiebegünstigte eine besonders hohe Sicherheit.

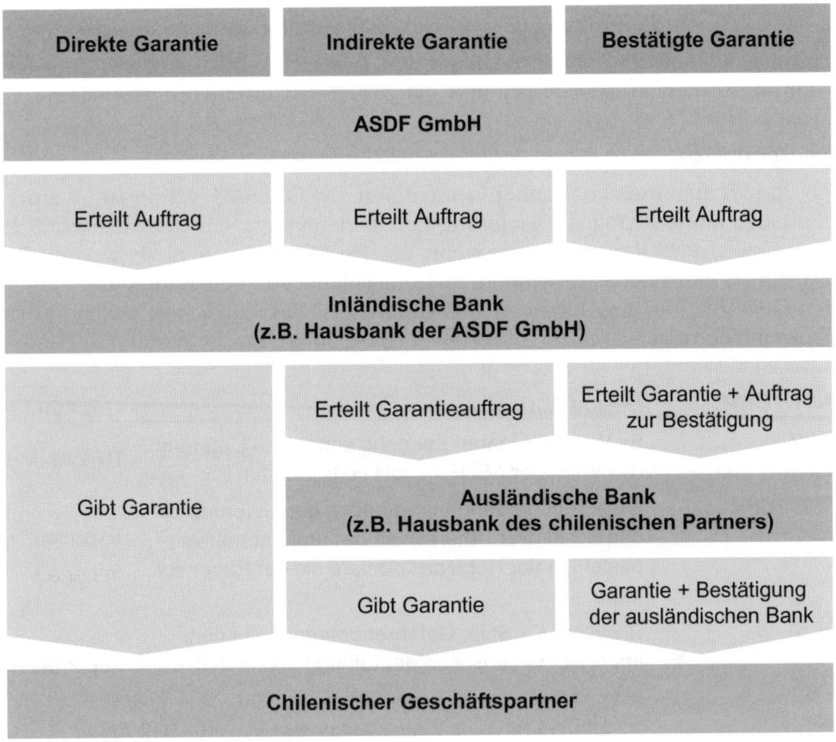

Überblick über die Garantieformen

3. Welche Garantien gibt es neben der Liefergarantie?

Wenn Sie in der Prüfung drei bis vier mögliche Garantien erwähnen können, sollte das genügen. Zu den bedeutendsten Garantien zählen unter anderem:

- Anzahlungs- oder Vorauszahlungsgarantie (Rückzahlung der Anzahlung, falls der Exporteur seine Lieferung nicht wie zugesagt ausführt.)
- Bietungsgarantie (Zahlung der Vertragsstrafe, die die Bietungsbedingungen vorsehen, für den Fall, dass der Bieter den Zuschlag nicht annimmt.)
- Liefer- oder Leistungsgarantie (Zahlung einer Vertragsstrafe für den Fall, dass der Kunde die vereinbarte Leistung nicht erbringt)
  - Qualitäts- und Gewichtsgarantie
  - Gewährleistungsgarantie
  - Zahlungsgarantie

4. Wie können die Risiken aus dem Geschäft vermindert bzw. abgedeckt werden?

Da Ihr Kunde als Exporteur vor allem den Transport-, Inkasso- bzw. Transfer- und Währungsrisiken ausgesetzt ist, sind ggf. diese Risiken auch entsprechend abzusichern.

Transportrisiko:

Für das Transportrisiko können zum einen INCOTERMS vereinbart werden, die den Gefahrenübergang der Lieferung genau definieren. Für den deutschen Exporteur wäre das Risiko minimiert, wenn ein INCOTERM vereinbart werden könnte, das den Gefahrenübergang noch in Deutschland auf den Käufer überträgt. Über den Gefahrenübergang hinaus regeln die INCOTERMS auch, wer welche Kosten zu übernehmen hat.

INCOTERM:	Beschreibung:	Günstig für:
EXW	Ex Work: Gefahrenübergang sobald die Lieferung das Werk der ASDF GmbH verlassen hat	Exporteur
FOB / CFR / CIF	Gefahrenübergang mit Verladen der Lieferung auf das Schiff. Der Unterschied der drei Alternativen besteht in der Höhe der Kosten, die der Exporteur trägt.	Exporteur / Importeur
DES	Delivered Ex Ship: Gefahrenübergang auf den Importeur bei Löschen der Ladung vom Schiff im Zielhafen.	Importeur

Übersicht über einige ausgewählte INCOTERMS

Über die INCOTERMS hinaus kann die Fracht auch mit speziellen Versicherungen gegen Untergang abgesichert werden. Hieraus ergeben sich unter Umständen auch Cross Selling Möglichkeiten.

Inkasso-, Transferrisiko:

Eine Hauptsorge des Exporteurs besteht darin, dass die gelieferte Ware unter Umständen nicht bezahlt werden könnte. Darüber hinaus ist der Exporteur an einer möglichst frühzeitigen Bezahlung seiner Forderung interessiert. Denkbar sind folgende Zahlungsmöglichkeiten:

I. Vorauszahlung / Anzahlung
II. Dokumentenakkreditiv
III. Dokumenteninkasso
IV. Zahlung gegen Handelsrechnung

Dabei stellt Alternative I für den Exporteur die günstigste sowie sicherste und Alternative IV die ungünstigste Zahlungsmöglichkeit dar. Daher wird in diesem Fall wohl eine der Alternativen II oder III als Lösung in Frage kommen, da es sich um einen ersten Kontrakt zwischen den Partnern handelt und sich beide Partner in gewisser Hinsicht absichern möchten. Eine Grafik, die Ihnen den Aufbau und die Funktionsweise der Alternativen II und III noch einmal verdeutlicht, finden Sie in unserem Onlineservice unter http://www.bankmensch.de zum Download.

Währungsrisiko:

Da in der Aufgabenstellung der Kontrakt in US-Dollar abgewickelt werden soll, besteht für die ASDF GmbH das Risiko, dass sich die Dollarkurse „gegen" den deutschen Exporteur entwickeln, er also weniger Euro für einen US-Dollar bekommt. Bei einem Vertragsvolumen von 600.000 USD kann eine Kursschwankung leicht etliche TEUR ausmachen und so die Kalkulation der Transaktion unrentabel werden lassen.

USD Betrag	USD-Kurs bei Zahlung	EUR-Betrag	Wirkung
600.000	1 USD = 0,75 EUR	450.000	++
600.000	1 USD = 0,70 EUR	420.000	=
600.000	1 USD = 0,65 EUR	390.000	-

Im Idealfall würde die Lieferung gegen Zahlung in EUR erfolgen, dann würde der chilenische Partner das Währungsrisiko alleine tragen. Kann eine entsprechende Vereinbarung mit dem chilenischen Partner nicht getroffen werden, so bieten sich Termingeschäfte an, um die Währungsrisiken abzusichern. Mit entsprechenden Devisentermingeschäften wird bereits zum heutigen Zeitpunkt der Kurs der gewünschten Währung in der Zukunft festgelegt. Dadurch erhält die ASDF GmbH einen konkreten Kalkulationspreis für die Fremdwährung. Oftmals können Derivate helfen, Risiken abzusichern. Weitere Informationen zum Thema Derivate finden Sie in Kapitel 4.3 (Privatkundengeschäft)

Festzuhalten bleibt:

Gerade im Auslandsgeschäft kann eine Vielzahl von Risiken entstehen, die es abzusichern gilt. Die einfachste und billigste Möglichkeit, diese Risiken zu umgehen besteht darin, diese auf den Kontraktpartner zu übertragen. Allerdings versucht auch dieser, seine Position möglichst günstig darzustellen. Daher wird es in der Regel so sein, dass sich die beiden Partner auf einen „Mittelweg" einigen, der für beide akzeptabel ist. Denkbar ist aber auch die Konstruktion, dass einer der beiden Vertragspartner eine derart starke Machtposition inne hat, dass er dem Gegenüber die entsprechenden Vereinbarungen aufoktroyieren kann.

Lösungsansätze Recht und Volkswirtschaft

5. Welche Rechtsgrundlage gibt es für die Garantie?

Anders als bei Darlehen, Bürgschaften, Kauf-, Leih- oder Werksverträgen findet sich im BGB keine explizite rechtliche Grundlage für die Garantie. Die Garantie unterliegt vielmehr dem Grundsatz der Vertragsfreiheit nach § 305 BGB. In vielen anderen Ländern bestehen ebenfalls keine expliziten Regelungen im Bezug auf die Garantie, sodass sich eine Art „allgemeiner Standard" im Laufe der Zeit entwickelt hat. Allerdings können je nach Land örtliche Usancen in die jeweiligen Garantien einfließen.

6. Wo und in welcher Form werden derartige Transaktionen statistisch erfasst?

Transaktionen mit dem Ausland werden in der Volkswirtschaftlichen Gesamtrechnung erfasst. Konkret berührt die vorliegende Exporttransaktion die Zahlungsbilanz der Bundesrepublik Deutschland. Die Zahlungsbilanz setzt sich aus folgenden Komponenten zusammen:

- Leistungsbilanz
- Vermögensübertragungen
- Kapitalbilanz
- Veränderung der Währungsreserven
- Saldo der statistisch nicht aufgliederbaren Transaktionen

Ein Bestandteil der Leistungsbilanz ist dabei der Außenhandel (Handelsbilanz). Der Export der Kleinkraftwerkelemente erhöht den Wert der Handelsbilanz. Wird mehr exportiert als importiert, so ist der Wert der Handelsbilanz positiv.

Mit welchen Fragen Sie noch rechnen müssen

- Ergänzungen zur Garantie
- Unterscheidung von Kassa- und Termingeschäften
- Fragen zum Akkreditiv oder Dokumenteninkasso
- Fragen nach Beispielen für verschiedene Risiken

Spezielle verkäuferische Aspekte

- Zeichnen Sie mögliche Zusammenhänge auf (Schaubild Garantie, Akkreditiv, Dokumenteninkasso)
- Reden Sie laut, wenn Sie Berechnungen durchführen, damit der Kunde jeden Schritt genau nachvollziehen kann.

- Zeigen Sie die Vorteile für den Kunden deutlich auf. „Das Akkreditiv hat für Sie den Vorteil, dass...“, „Das INCOTERM ... hat für Sie den Vorteil, dass...“
- Notieren Sie dem Kunden die möglichen Risiken sowie die Absicherungsmöglichkeiten auf einem Blatt und geben Sie ihm das entsprechende Blatt mit.
- Vereinbaren Sie ggf. einen neuen Termin, um weitere Fragen zu klären.
- Vergessen Sie nicht, Ihre Visitenkarte auszuhändigen.

Cross-Selling-Ansätze

Produkte zur Bedürfnisebene Absicherung:

- Devisentermingeschäfte
- Transportversicherung

Produkte zur Bedürfnisebene Geldverkehr:

- Akkreditiv
- Dokumenteninkasso

8.3 Alternative Finanzierungsformen

Situation

Die TelTel GmbH ist ein bundesweit tätiges Kommunikationsunternehmen. Vor einigen Tagen fragte die TelTel GmbH einen Betriebsmittelkredit in Höhe von 1,5 Mio. EUR an.

Das Geld sollte einen Liquiditätsengpass in naher Zukunft abdecken. Der Finanzierungswunsch der TelTel GmbH wurde von Ihnen zwar abgelehnt, aber Sie boten dem Leiter Finanzen der TelTel an, alternative Finanzierungsformen aufzuzeigen.

Heute hat der Leiter des Bereiches Finanzen der TelTel GmbH einen Termin mit Ihnen vereinbart. Sie sollen ihm nun wie angekündigt die Alternativen vorstellen.

Orientierungshinweise

Aspekte des Firmenkundengeschäfts:

1. Welche alternativen Finanzierungsformen gibt es?
2. Welche Besonderheiten im Vergleich zur herkömmlichen Kreditfinanzierung bestehen?
3. Welche Vor- und Nachteile bieten die einzelnen Finanzierungsformen?

Betriebswirtschaftliche Aspekte:

4. Welche Auswirkungen haben diese Finanzierungsformen auf die Bilanz der TelTel GmbH?

Informationsphase

Finanzierung

- Wann genau wird der Liquiditätsengpass voraussichtlich eintreten?
- Wodurch kommt der Liquiditätsengpass zu Stande?
- Wie lange wird der Liquiditätsengpass voraussichtlich vorliegen und durch welche Mittel soll der Engpass ausgeglichen werden?
- In welchem Turnus wiederholt sich der Liquiditätsengpass gegebenenfalls?
- Welche weiteren Finanzierungswünsche bestehen in bereits absehbarer Zeit?
- In welcher Höhe bestehen entsprechende Finanzierungswünsche?
- Welche alternativen Finanzierungsformen sind bereits bekannt?
- Wie hoch ist der derzeitige Forderungsbestand (Debitoren) der TelTel GmbH?
- Wie verändert sich dieser Debitorenbestand voraussichtlich?
- Welche bedeutenden Aktiva-Positionen gibt es bei der TelTel GmbH

Anlegen

Bei Realisierung einer Finanzierungsform (z.B. Factoring) fließen unmittelbar Gelder zu, die evtl. den augenblicklichen Bedarf übersteigen

Wie würden Sie zufließenden Geldern verwenden, die Ihren derzeitigen Bedarf übersteigen?

Steuern

Bei hohen Erträgen können beispielsweise Leasingverträge für die TelTel GmbH vorteilhaft sein.

Wie steht es um die Ertragslage der TelTel GmbH?

Was hält Ihr Steuerberater/Ihr Steuerexperte von...?

Lösungsansätze Firmenkundengeschäft

1. Welche alternativen Finanzierungsformen gibt es?

Als Alternativen zur traditionellen Kreditfinanzierung kommen folgende Finanzierungsmöglichkeiten in Betracht:

a) Leasing

b) Factoring / Forfaitierung

c) Asset Backed Securities

2. Welche Besonderheiten im Vergleich zur herkömmlichen Kreditfinanzierung bestehen?

Leasing:

Beim Leasing handelt es sich um eine Art Vermietung bzw. Verpachtung von Mobilien oder Immobilien. Unterschieden wird der Leasinggeber (i.d.R. Leasinggesellschaft) und der Leasingnehmer (Kunde). Das Leasing bietet sich als Alternative zur Investitionsfinanzierung an.

Je nach Blickwinkel kann Leasing unter verschiedenen Aspekten unterschieden werden:

- Stellung des Leasinggebers (Direktes Leasing [Leasinggeber = Hersteller], indirektes Leasing [Leasinggeber = Leasinggesellschaft)
- Art des Leasinggegenstandes (Mobilienleasing, Immobilienleasing, Personalleasing)

Darüber hinaus kann noch zwischen Voll- und Teilamortisationsverträgen unterschieden werden. Bei Vollamortisationsverträgen erzielt der Leasinggeber bereits während der vereinbarten Grundmietzeit seine Anschaffungs-, Finanzierungs- und Risikokosten durch die laufenden Leasingzahlungen in vollem Umfang. Bei Teilamortisation nur einen Teil der genannten Kosten.

Die in der Praxis häufigste Form des Leasings bei Banken besteht in einem indirektem, Financial-, Mobilienleasing.

Indirektes Leasing

Der Kunde stellt einen Antrag auf Leasing bei der Bank oder Leasinggesellschaft und schließt einen Leasingvertrag über eine bestimmte Mobilie (beispielsweise Kfz) ab. Der Leasinggeber schließt mit dem Kfz-Hersteller einen Kaufvertrag und „verleast" das Fahrzeug an den Kunden gegen Zahlung der Leasingrate. Der Bilanzausweis des Fahrzeugs erfolgt in diesem Fall beim Leasinggeber, nicht beim Leasingnehmer. Voraussetzung für die Bilanzierung beim Leasinggeber ist unter anderem die so genannte 40/90 Regelung. Diese besagt, dass die Leasinglaufzeit zwischen 40 und 90 Prozent der „AfA Nutzungsdauer" der Mobilie liegen muss. Die Nutzungsdauer für ein Kfz beträgt beispielsweise 72 Monate, sodass der Leasingvertrag zwischen ~28 und ~64 Monaten laufen müsste, damit der Leasinggegenstand beim Leasinggeber bilanziert werden kann. Leasingverträge können relativ flexibel, beispielsweise mit Anfangs- oder Schlussraten ausgestattet werden. Je nach Ausgestaltung sind bei Auslauf des Leasings unterschiedliche Konstellationen denkbar:

- Kauf des Leasingnehmers am Laufzeitende
- Verkauf an Dritte und ggf. Zahlung eines Ausgleichsbetrages
- Erneuter Leasingvertrag bzw. Verlängerung des Leasingvertrages

Eine spezielle Form des Leasings kann der TelTel GmbH aber auch bei dem derzeitigen Liquiditätsengpass helfen. Mittels „Sale and lease back" könnte ggf. Aktiva (z.B. Grund/Boden und Gebäude) an eine Leasinggesellschaft veräußert werden, sodass unmittelbar Zahlungsmittel zufließen würden. Durch diesen Verkauf können auch stille Reserven gehoben werden, insofern solche vorhanden sind. Die TelTel GmbH würde dann das verkaufte Objekt gegen Raten „zurückleasen". Weitere Informationen zum Sale and Lease Back Leasing finden Sie auch im Kapitel 6.5 (Immobiliengeschäft)

Factoring:

Beim Factoring handelt es sich um den laufenden Forderungsankauf aus Warenlieferungen durch eine Factoringgesellschaft. Durch den Verkauf der Kundenforderungen an den Factor erhält der Kunde unmittelbar Zahlungsmittel. Insofern könnte Factoring eine Möglichkeit für die TelTel GmbH darstellen.

Der Factor kauft die Forderung des Kunden an und zahlt hierfür einen bestimmten Prozentsatz des Rechnungsbetrags sofort an die TelTel GmbH aus (i.d.R. ca. 80 %). Der Restbetrag steht für eventuelle Mängelrügen, Boni und Skonti beim Factor bereit. Bei Eingang des Forderungsbetrages wird der (ggf. gekürzte) Restbetrag an die TelTel GmbH ausgezahlt. Neben der Finanzierungsübernahme durch den Factor, übernimmt dieser auch das Delkredererisiko (Risiko, dass die Forderung nicht eingeht, Stichwort Forderungsausfall). Geht die Forderung nicht ein, so ist in den Factoringverträgen häufig eine bestimmte Frist vorgegeben (z.B. 120 Tage), nach der dann der Restbetrag trotzdem ausgezahlt wird. Bei dieser Form des Factorings handelt es sich um „echtes" Factoring, da das Delkredererisiko durch den Factor übernommen wird. Trägt hingegen der Factor das Delkredererisiko nicht, so ist von „unechtem" Factoring die Rede.

Kosten entstünden der TelTel GmbH im Falle des Factorings in Höhe der Zinsen für den Zahlungsmittelvorschuss und eine Factoring-Gebühr. Diese Gebühr beträgt einen bestimmten Prozentsatz vom angekauften Umsatz. Neben der Delkredere- und Finanzierungsfunktion können auch weitere Dienstleistungen an den Factor abgegeben werden. Hierzu zählt beispielsweise das komplette Mahn- und Inkassowesen (Debitorenbuchhaltung) oder die Bonitätsbeurteilung der Endabnehmer.

ABS (Asset-Backed-Securities)-Transaktionen:

Bei den so genannten ABS-Transaktionen handelt es sich um die Emission von Wertpapieren (Securities), die mit sich ähnelnden Forderungen (Assets) unterlegt (Backed) sind. Die Forderungen (z.B. Leasing-, Kreditkarten oder Telefonforderungen) werden an eine eigens zu diesem Zweck gegründete Gesellschaft (SPV = Special Purpose Vehicle) verkauft. Diese Gesellschaft zahlt dem Verkäufer der Forderungen einen bestimmten Betrag und übernimmt die Emission von Wertpapieren, zur Refinanzierung des Kaufpreises. Die ABS-Transaktionen ähneln daher zum einen dem Factoring, aber zum anderen auch den Pfandbriefen.

Unterschied zum Factoring:

Der Käufer der Forderungen (SPV) emittiert Wertpapiere zur Refinanzierung des Kaufpreises. Das SPV trägt demnach nicht das Delkredererisiko.

Unterschied zu den Pfandbriefen:

Als Sicherheit (Pfand) für die Wertpapiere der ABS-Transaktion steht ein eindeutiger Pool an Forderungen zur Verfügung. Bei Pfandbriefen hingegen erfolgt die Deckung
über den Gesamtbetrag der Hypotheken von mindestens gleicher Höhe und mindestens gleichem Zinsertrag. Darüber hinaus ist bei den ABS-Transaktionen, anders als bei den Pfandbriefen, nicht die Bonität des Emittenten (SPV), sondern die Bonität der Schuldner, der im Pool zusammengefassten Forderung maßgeblich.

Eine ABS-Transaktion könnte wie folgt aussehen:

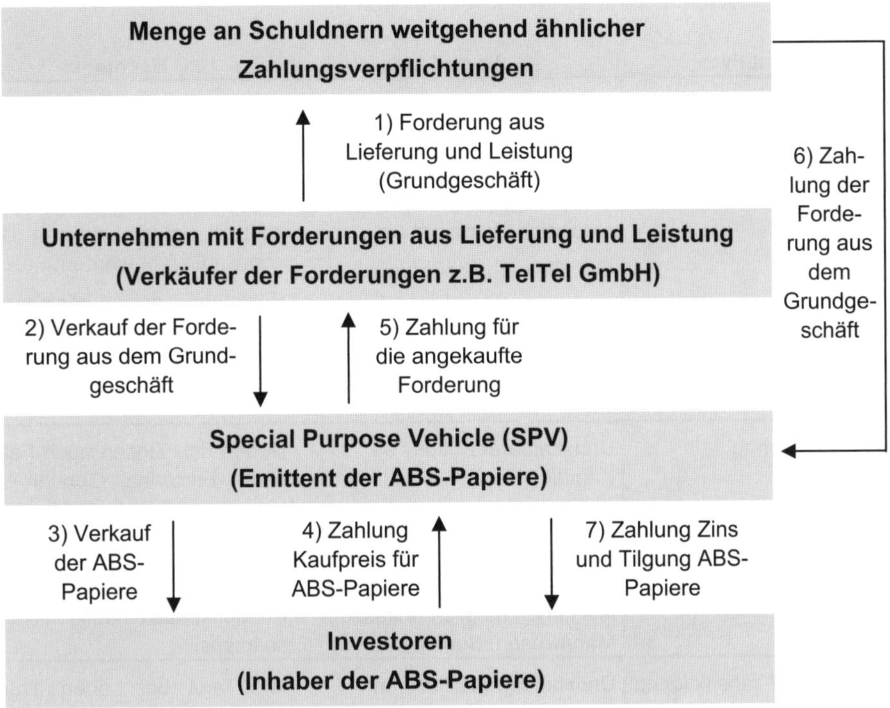

Überblick ABS-Transaktion (true Sale)

3. Welche Vor- und Nachteile bieten die einzelnen Finanzierungsformen?

Alternative:	Vorteile:	Nachteile:
Leasing	Investition ohne Eigenkapital möglich Leasingraten stellen Betriebsausgaben dar und sind steuerlich absetzbar Ggf. Gewerbesteuervorteil Schnelle Anpassung an technischen Fortschritt Schonung eingeräumte Kreditlinie	Verhältnismäßig hohe Leasingkosten Fixkosten des Leasing können wg. der Bindung für die Grundmietzeit bei rückläufigen Umsätzen zur Gefahr werden Rückgabe des Leasinggegenstandes während der Grundmietzeit kaum möglich
Factoring	Unmittelbarer Zufluss an Kapital Übernahme des Delkredererisikos durch den Factor Vereinbarung weiterer Dienstleistungen möglich (Inkasso, Mahnwesen, Bonitätsprüfung)	Neben den Zinsen auch Fälligkeit einer Factoring Gebühr, daher verhältnismäßig teure Variante Bei Offenlegung des Factoring evtl. Imageschaden bei Kunden Kundenkontakt häufig nicht mehr so intensiv
ABS-Transaktionen	Unmittelbarer Zufluss an Kapital Abgabe des Risikos von Forderungsausfällen auf die Inhaber der ABS-Papiere Ggf. übernimmt das SPV auch weitere Dienstleistungen	Wird erst bei hohen Tranchen durchgeführt Bei Zahlung der Forderung an das SPV evtl. Imageschaden bei Kunden

Lösungsansätze Betriebswirtschaft

1. Welche Auswirkungen haben diese Finanzierungsformen auf die Bilanz der TelTel GmbH (im Vergleich zur klassischen Kreditfinanzierung)?

Alternative:	Wirkung:	Begründung:
Leasing	Bilanzverkürzung	Im Vergleich zum traditionellen Kreditgeschäft erfolgt die Bilanzierung nicht im Anlagevermögen der TelTel GmbH sondern bei der Leasinggesellschaft.
Factoring	Aktivtausch / Bilanzverkürzung	Durch den Verkauf der Forderungen an den Factor entfallen die Forderungen aus Lieferung und Leistung, dafür erhält der Verkäufer die sofortige Gutschrift (80%). Der Restbetrag (20%) führt zur Verkürzung der Bilanz.
ABS-Transaktionen	Aktivtausch / Bilanzverkürzung	Ähnlich wie beim Factoring werden die Forderungen gegen Zahlungsmittelzufluss ausplatziert. Da die Zahlungsmittel nicht in der selben Höhe zufließen, wie Forderungen ausplatziert werden, sinkt die Bilanzsumme.

Mit welchen Fragen Sie noch rechnen müssen

- Sonderform des Leasing (Sale-and-lease-back) vgl. Kapitel 6.5 (Immobiliengeschäft)
- Unterschiede Forfaitierung und Factoring
- Rolle der Banken bei ABS-Transaktionen ihrer Kunden
- Nutzung der ABS-Transaktionen durch die Banken selbst

Spezielle verkäuferische Aspekte

- Zeichnen Sie mögliche Zusammenhänge auf (Schaubild Leasing, Factoring, ABS-Transaktion)
- Erklären Sie die Finanzierungsformen anhand von Schaubildern und machen Sie ggf. Notizen zum besseren Verständnis.
- Im Idealfall entwickeln Sie die Schaubilder, während der Kunde Ihnen dabei zusieht.
- Geben Sie dem Kunden nach dem Überblick einen Eindruck davon, welche dieser Finanzierungsformen sein derzeitiges Liquiditätsproblem am ehesten überwinden hilft.

- Zeigen Sie die Vorteile der entsprechenden Finanzierungsalternative deutlich auf. „Das ... bietet Ihnen die Möglichkeit, unmittelbar an die gewünschte Liquidität zu kommen…“.
- Geben Sie dem Leiter Finanzen Ihre Aufzeichnungen mit.
- Vereinbaren Sie ggf. einen neuen Termin, um weitere Fragen zu klären.
- Vergessen Sie nicht, Ihre Visitenkarte auszuhändigen.

Cross-Selling-Ansätze

Je nach Konstellation des Falles bietet sich nicht nur eine der unterschiedlichen Finanzierungsformen an. Möglicherweise können zwei Alternativen abgeschlossen werden.

Produkte zur Bedürfnisebene Anlagen:

- Tagesgelder
- Termingelder

Produkte zur Bedürfnisebene Steuern:

- Sale and lease Back

8.4 Existenzgründung

Situation

Frau Wittke und Herr Lange forschen gemeinsam im Bereich der Nanotechnologie an der Universität vor Ort. Da die Arbeitsverträge der beiden in absehbarer Zeit auslaufen und dem Wirtschaftszweig ein enormes Wachstumspotenzial zugeschrieben wird, beabsichtigen Frau Wittke und Herr Lange, ein eigenes Unternehmen zu gründen. Die genaue Produktpalette, die das Unternehmen anbieten soll, steht noch nicht fest. Sicher ist lediglich, dass eine Spezialbeschichtung für Glasscheiben produziert werden soll.

Auf einer internationalen Messe wurden die Versuchsergebnisse der Beschichtung bereits präsentiert und erfreuten sich großen Interesses. Bis zur Produktionsreife der Beschichtung wird allerdings noch etwas Zeit und Geld benötigt.

Heute stellt Ihnen Frau Wittke das viel versprechende Existenzgründungskonzept vor, allerdings fehlt es noch an einem detaillierten Businessplan. Dennoch kann Ihnen Frau Wittke zumindest einige Zahlen im Bezug auf das benötigte Kapital nennen.

Voraussichtlich wird benötigt:	EUR
Weiterentwicklung der Beschichtung	1.600.000
Büroausstattung, Geräte und Maschinen	750.000
Betriebsmittel für die ersten Monate	350.000

Orientierungshinweise

Aspekte des Firmenkundengeschäfts:

1. Was ist ein Businessplan und was sind die wesentlichen Inhalte?
2. Informieren Sie über mögliche öffentliche Finanzierungsmittel?
3. Gehen Sie auch auf die Begriffe Venture Capital, Mezzaninfinanzierung und Business Angels ein.

Informationsphase

Finanzierung

- Wann laufen die Arbeitsverträge bei der Universität aus?
- Wann soll das Unternehmen gegründet werden?
- In welcher Rechtsform soll das Unternehmen gegründet werden?
- Wie lange wird die Entwicklung der Beschichtung voraussichtlich dauern?
- Welche Risiken bestehen voraussichtlich noch bis zur endgültigen Entwicklung der Beschichtung?
- Wann kann das neue Unternehmen voraussichtlich erstmals seine Produkte am Markt anbieten?
- Wie viele Mitarbeiter werden voraussichtlich benötigt?
- Wer wird das neue Unternehmen gegenüber Banken, Kunden und Lieferanten vertreten?
- Gibt es bzw. wird es entsprechende Patente geben?
- Welche Personen können Ihnen bei der Gründung behilflich sein?
- Welche Kontakte haben Sie bereits zu möglichen Kunden, Lieferanten, Behörden und Mitarbeitern?
- Bis wann glauben Sie, einen Businessplan erstellen zu können und wer kann Ihnen dabei helfen?
- Welche Vertriebswege sollen genutzt werden, welche Preisstrategie ist vorgesehen, welche Wettbewerber gibt es?
- Was halten Sie von Existenzgründungswettbewerben, bzw. denken Sie über die Teilnahme an einem solchen nach?

Geldverkehr

Wie soll der Zahlungsverkehr abgewickelt werden?

Wird es Geschäfte mit Partnern im Ausland geben?

Öffentliche Förderungen

Was halten Sie von der Möglichkeit, öffentliche Finanzierungsmittel zu verwenden?

Lösungsansätze Firmenkundengeschäft

1. Was ist ein Businessplan und was sind die wesentlichen Inhalte?

Der Businessplan ist Bestandteil der schriftlichen Unternehmensplanung und dient der Kommunikation und Transparenz. Er enthält wichtige Punkte zu Planzahlen, einer Konkretisierung der Geschäftsidee und weitere weiche Faktoren des Unternehmens. Er soll potenzielle Geldgeber, Kunden und Partner so genau wie möglich aber auch so umfangreich wie nötig im Vorfeld einer Entscheidung (ex ante) informieren. Die Ausarbeitung des Businessplans verlangt vom Gründer das systematische Auseinandersetzen mit seinem Vorhaben. Dadurch können auftretende Wissenslücken geschlossen und noch vorhandene Schwächen identifiziert und überdacht werden. Darüber hinaus regt es die potenziellen Partner zur Diskussion an, sodass diese im Dialog mit dem Gründer feststellen können, wie der Gründer selbst zum Projekt steht und ob er selbst davon überzeugt ist. Von der Vorgehensweise her steht am Anfang zunächst die Geschäftsidee an sich, danach wird der Businessplan erstellt und mit den potenziellen Partnern auf der Grundlage des Plans diskutiert. Zuletzt erfolgt die Umsetzung der Inhalte des Businessplans. Der Plan sollte nicht nur kurzfristige Analysen, Aufstellungen und Informationen enthalten, sondern insbesondere im Bereich Finanzplanung einen längeren Zeitraum (ca. 36 Monate) abbilden.

Die Grobgliederung eines Businessplans könnte beispielsweise wie folgt aussehen (Auf die erwähnten Fragen sollte der Businessplan mit Begründung Antwort geben):

I. Unternehmensplan

a) Grundlagen

Wie kann die Geschäftsidee umschrieben werden? Welche Rechtsform der Gesellschaft wird angestrebt? Welche Eignung hat der Unternehmer (Beleg in Form eines Lebenslaufes)?

b) Produktvorstellung

Welches Produkt soll angeboten werden? Worin liegen die besonderen Vorteile des Produktes? Welchen Nutzen hat der Kunde bei Verwendung des Produktes? Welche Konkurrenzprodukte gibt es?

c) Management

Welche fachliche Ausbildung kann das Management vorweisen? Welche Berufserfahrung bzw. Erfahrung mit Projekten ähnlicher Größe hat das Management? In wie weit ergänzt sich das Gründungsteam (Rollenverteilung, Gleichberechtigung)? Welche Stärken und Schwächen hat das Management? Welches Know-how muss von außen zugeführt/zugekauft werden? Welche Führungserfahrung kann das Management vorweisen?

d) Personal und Organisation

Wie sehen die geplanten Prozesse aus? Wie kostengünstig laufen diese Prozesse ab? Wer trägt die Verantwortlichkeit für welchen Bereich? Über welches Know-how muss das Personal verfügen? Welche Produkte/Dienstleistungen werden selbst erstellt, welche zugekauft? Welche Partnerschaften sollen/können (und zu welchem Zweck) eingegangen werden?

II. Marketingplan

a) Markt- und Konkurrenzanalyse

Wie groß ist der Markt? Wie groß ist das Käuferpotenzial? Welche Klientel lebt vor allem im definierten Markt? Wer ist die (Haupt-) Zielgruppe? Wie stark kann das Marktwachstum eingeschätzt werden? Welche Konkurrenten gibt es? Über welche Marktanteile verfügen die Konkurrenten? Welche Qualität haben die Produkte der Konkurrenz? Wo wäre der ideale Standort?

b) Produktpolitik

Welches Produkt soll angeboten werden? Wie kann sich die Produktpalette weiterentwickeln? Wie kann ein „Nachahmen“ des eigenen Produktes durch Dritte vermieden werden?

c) Preispolitik

Welche Preispolitik soll aus welchem Grund betrieben werden (1. Hoher Preis mit möglichst hohem Ertrag = Abschöpfung 2. Möglichst hoher Marktanteil mit niedrigerem Preis = Penetration 3. Mit hohem Preis starten und allmählich senken = Skimming)?

d) Distributionspolitik

Wie sollen die Verbraucher an das Produkt kommen? Welche Vertriebswege werden angeboten, welche favorisiert? Wie soll die Auslieferung der Produkte funktionieren?

e) Kommunikationspolitik

Welche Medien stehen im Markt zur Verfügung? Mit welchen Medien wird die eigene Zielgruppe am ehesten erreicht? Wie hoch sind die Budgets für Kommunikation (Werbung)? Wie soll die Corporate Identity im Corporate Design umgesetzt werden?

III. Finanzplan (Planrechnung)

a) Investitionsbedarfsplanung

Welche Investitionen müssen im Anlagevermögen getroffen werden? Welche Investitionen im Umlaufvermögen müssen vorgenommen werden? Welche weiteren einmaligen Kosten fallen an (Gründung, Beratung)?

b) Kapitalbedarfsplanung

Da Existenzgründer in der Regel nicht von Beginn an Gewinne erzielen, sind über die Investitionsplanung hinaus auch die laufenden Kosten (fix und variabel), die zu Auszahlungen führen, darzustellen. Fehlendes Kapital bis zur Erzielung erster Gewinne würde sonst zur Zahlungsunfähigkeit führen. Darüber hinaus sollte noch ein Sicherheitspolster für unvorhergesehene Fälle aufgenommen werden.

c) Kapitalbeschaffung

Wie viel Eigenkapital kann eingebracht werden? Wie viel Fremdkapital wird benötigt? Wie soll sich das Fremdkapital zusammensetzten (öffentliche Mittel, Darlehen, Wagniskapital)?

d) Bilanzplanung

Wie werden sich das Anlage- und das Umlaufvermögen entwickeln? Welche Investitionen werden in Zukunft durchgeführt werden müssen?

e) Rentabilitätsplanung

Wie wird die G+V Rechnung des Unternehmens voraussichtlich aussehen? Wann und bei welchem Absatz wird die Gewinnschwelle (Break-Even-Point) erreicht? Wie entwickelt sich die G+V-Rechnung in Zukunft?

f) Liquiditätsplanung

In welcher Höhe sind wann Geldzu- und –abflüsse zu verzeichnen? Wie werden eingeräumte Kontokorrentlinien in Anspruch genommen? Kann die Zahlungsfähigkeit während des gesamten Planungszeitraums aufrecht gehalten werden?

2. Informieren Sie über mögliche öffentliche Finanzierungsmittel?

Bei den öffentlichen Finanzierungsmitteln gibt es zunächst unterschiedliche Banken, die solche Mittel zur Verfügung stellen. Zum einen gibt es bundesweit agierende Institute (KfW Mittelstandsbank), die auch spezielle Programme anbieten. Diese Programme werden in der Regel durch Institute in den einzelnen Bundesländern „vertrieben". Darüber hinaus gibt es je nach Region spezielle Programme der Länder oder auch der Europäischen Union.

Die öffentlichen Mittel unterscheiden sich von den herkömmlichen Finanzierungen häufig in besonderen Ausstattungsmerkmalen. Dabei sind beispielsweise folgende Möglichkeiten denkbar:

- Vergünstigte Kreditzinsen
- Sondertilgungsmöglichkeiten
- Zuschüsse
- Tilgungsbefreiung in den ersten Jahren
- Besonders langfristige Zinsfestschreibung
- Verzicht auf umfangreiche Kreditsicherheiten
- Wagniskapital

Da die Förderbanken derart viele Programme anbieten, die sich darüber hinaus auch relativ häufig ändern, macht es an dieser Stelle keinen Sinn, eine abschließende Übersicht darzustellen. Im Vorfeld Ihrer Prüfung sollten Sie sich aber einen groben Überblick über die aktuellen Programme und deren Ausgestaltung verschaffen. Im Internet sind auf den Seiten der Förderbanken die Fakten in der Regel übersichtlich dargestellt.

3. Gehen Sie auch auf die Begriffe Venture Capital, Mezzaninfinanzierung und Business Angels ein.

Venture Capital:

Bei Venture Capital (VC) handelt es sich um Beteiligungskapital, dass dem Gründer von externer Stelle (i.d.R. VC-Gesellschaften) zur Verfügung gestellt wird. Dabei steht aber der Eigenkapitalgedanke im Vordergrund, d.h. Venture Capital wird nicht im Rahmen von festen Zins- und Tilgungsleistungen zurückgezahlt, sondern es steht längerfristig als risikotragendes Eigenkapital zur Verfügung. VC wird in der Regel für eine bestimmte Zeit (z.B. 3 bis 8 Jahre) zur Verfügung gestellt und wird im Anschluss daran in einer Summe (i.d.R. durch Börsengang) zurückgezahlt. Dabei vereinnahmt der VC-Geber einen über seine Nominaleinlage hinaus gehenden Betrag. Zusätzlich zum Beteiligungskapital wird der Gründer durch den VC-Geber für die Dauer VC-Ausleihung auch fachlich unterstützt.

Mezzaninfinanzierung:

Mezzanine nehmen eine Zwitterstellung zwischen Eigen- und Fremdkapital ein. In der Regel handelt es sich dabei um Darlehensverträge, Genussscheine oder stille Beteiligungen, die i.d.R. eine höhere Rendite erzielen als traditionelles Fremdkapital (häufig Grundzinssatz + ergebnisabhängige Komponente). Im Unterschied zum Fremdkapital handelt es sich bei Mezzaninfinanzierungen aber um nachrangige Mittel. Im Falle der Insolvenz werden die Mezzaninkapitalgeber also erst nach den sonstigen Fremdkapitalgebern aber noch vor den Eigenkapitalgebern befriedigt.

Business Angels:

Bei Business Angels (BA) handelt es sich i.d.R. um vermögende Privatpersonen, die sich an einem Gründungsprojekt beispielsweise als Mezzaninkapital- oder Eigenkapitalgeber beteiligen. BA verfügen im Allgemeinen über gute Kontakte zu Industrie, Handel und Behörden und darüber hinaus über wertvolle Erfahrungen im Management. Dadurch können eventuell existierende Defizite beim Gründungsteam kompensiert werden. BA unterstützen bei Verhandlungen, stellen Kontakte her und helfen bei der Suche nach geeigneten Partnern. Je nach Wissensstand der BA kann auch eine umfangreichere Managementberatung, beispielsweise in den Bereichen Controlling, Personal oder Organisation betrieben werden.

Mit welchen Fragen Sie noch rechnen müssen

- Fragen nach möglichen Rechtsformen der Unternehmen und deren Vor- bzw. Nachteile

- Fragen zu sonstigen Unterlagen, die eingereicht werden müssen
- Fragen nach betriebswirtschaftlichen Kennzahlen, die im Businessplan berücksichtigt werden sollen

Spezielle verkäuferische Aspekte

- Vergessen Sie gerade bei diesem Gespräch Ihre Visitenkarte nicht und setzen Sie diese gezielt ein! Hier ist es geschickt, die Visitenkarte nicht am Ende des Gesprächs heraus zu geben, sondern gleich zu Beginn, wenn Sie sich dem Kunden als sein persönlicher Berater vorstellen. Eine Herausgabe am Ende des Gesprächs wirkt eher wie eine kleine Zugabe, und die Wirkung ist bei weitem nicht so effektiv.
- Bieten Sie aktiv an, bei Fragen gerne zur Verfügung zu stehen.
- Fertigen Sie eine kurze Übersicht an, aus der hervor geht, welche Punkte der Businessplan enthalten soll und geben Sie Frau Wittke die Aufzeichnungen mit.
- Gegebenenfalls können Sie Frau Wittke auch einen Musterbusinessplan aushändigen. In unserem Onlineservice unter http://www.bankmensch.de finden Sie ein entsprechendes Muster.
- Nennen Sie Frau Wittke konkrete Internetseiten, auf denen Sie weitere Informationen sammeln kann. Beispielsweise bieten sich an:
    - Förderbanken
    - Onlinegründerzentrum (z.B. von der örtlichen IHK)
    - Onlineunterstützung für Businessplan
- Bieten Sie auch eventuell vorhandene Kontakte zu Business Angels oder VC-Gesellschaften aktiv an.
- Empfehlen Sie die Teilnahme an einem Existenzgründungswettbewerb. Falls Ihre Bank an einem entsprechenden Wettbewerb beteiligt ist, empfehlen sie diesen, ansonsten einen Wettbewerb öffentlicher Träger (IHK, Bundesland, Universität)
- Bringen Sie zum Ausdruck, dass Sie sich sehr freuen würden, auch Herrn Lange persönlich kennen zu lernen.
- Vereinbaren Sie einen neuen Termin, um offene Fragen zu besprechen und den dann vorliegenden Businessplan sichten zu können.

Cross-Selling-Ansätze

Produkte zum Bedürfnis Geldverkehr:

- Kontokorrentkonto

Produkte zum Bedürfnis öffentliche Fördermittel:

- Vermittlung entsprechender Kredite
- Vermittlung von Business Angels bzw. Venture Capital (zwar keine öffentlichen Mittel, aber auch Fördercharakter)

8.5 Kapitalmarktfinanzierung

Situation

Die Süd Entsorgung AG plant den Bau einer neuen Müllverbrennungsanlage. Dazu werden rund 700 Mio. EUR benötigt. Die Finanzierung der Anlage soll aus verschiedenen Komponenten bestehen. Ein Großteil des Geldes soll aber über die E-mission einer Schuldscheinanleihe in Höhe von 500 Mio. EUR beschafft werden. Die prognostizierte Nutzungsdauer der Anlage wird ungefähr 30 Jahre betragen.

Die Süd Entsorgungs AG wurde extern von einer international anerkannten Ratingagentur mit einem „A" Rating beurteilt. Über Kontakte zu Abnehmern der möglichen Emission verfügt die Süd Entsorgungs AG nicht.

Orientierungshinweise

Aspekte des Firmenkundengeschäfts:

1. Was ist unter dem externen Rating zu verstehen und wie ist die Bonität der Süd Entsorgungs AG zu beurteilen?
2. Was ist unter einer Anleihe zu verstehen und welche Formen von Anleiheemissionen gibt es?
3. Welches Risiko kann sich bei Emissionsgeschäften ergeben?

Betriebswirtschaftliche Aspekte:

4. Welche Auswirkungen hätte eine Kapitalerhöhung in Form von Aktien auf die Bilanz der Süd Entsorgungs AG im Vergleich zur Schuldscheinemission?

Informationsphase

Finanzierung

- Wann soll der Bau der Anlage beginnen?
- Wie lange werden die Bauarbeiten dauern?
- In welchen Raten werden die Arbeiten bezahlt?
- Wie setzten sich die Kosten der Maßnahme zusammen?
- Welche Baupläne, Kostenschätzungen und Planzahlen zu Auslastung, Kosten und Ertrag gibt es bereits?
- Wie wird die Finanzierungslücke von 200 Mio. EUR finanziert?
- Welche potenziellen Abnehmer für die Schuldverschreibung gibt es?
- Nach welcher Zeit und in welcher Form soll die Tilgung der Anleihe erfolgen?
- Aus welchen Mitteln soll die Tilgung der Schuldscheinanleihe erfolgen?
- Wie soll die Anleihe ausgestattet werden (Zinsen, Zinszahlungstermine, Kündigungsrecht)?
- Wie alt ist das aktuelle externe Rating?
- Von welcher Ratingagentur ist das Rating?
- Wird das Rating auch künftig bei dieser Agentur in Auftrag gegeben und veröffentlicht?
- Wie steht es um die Ertragskraft der Süd Entsorgung AG?
- Welche Unterlagen können eingereicht werden?

Absicherung

Wie soll die neue Anlage versichert werden?

Wie beabsichtigen Sie, Versicherungsrisiken während der Bauphase abzudecken?

Anlegen

Wie sollen die Gelder, die aus der Emission stammen und nicht sofort benötigt werden, verwendet werden?

Lösungsansätze Firmenkundengeschäft

1. Was ist unter dem externen Rating zu verstehen und wie ist die Bonität der Süd Entsorgung AG zu beurteilen?

Ein externes Rating wird am Kapitalmarkt verwendet, um die Bonität eines Unternehmens oder Staates in Form einer „Notenskala" zu klassifizieren. Ein Rating drückt dabei die Ausfallwahrscheinlichkeit des Ratingsubjektes aus. Darunter ist die Wahrscheinlichkeit zu verstehen, dass das Ratingsubjekt seinen Zahlungsverpflichtungen innerhalb einer gewissen Frist nicht oder nicht in vollem Maße nachkommt.

Die weltweit führenden Ratingagenturen sind die amerikanischen Gesellschaften S&P (Standard & Poors) und Moody`s. Die wohl bedeutensde europäische Ratingagentur ist Fitch. Die Ratingagenturen sind privatwirtschaftliche Unternehmen und bieten den Kapitalmarktteilnehmern ihre Dienstleistungen gegen Bezahlung an. Das Ergebnis des Ratings ist die Ratingnote, die die Bonität des Ratingsubjektes widerspiegelt. Die S&P Ratingskala wird nun kurz beispielhaft dargestellt:

S&P Ratingnote	Bemerkung	Bonitätsgrad
AAA AA+ AA AA- A+ A A- BBB+ BBB BBB-	Beste Bonität mit der niedrigsten Ausfallwahrscheinlichkeit Mittlere Bonität mit dementsprechend mittlerer Ausfallwahrscheinlichkeit	Investment Grade
BB+ BB BB- B+ B B- CCC CC C	Schwache Bonität mit hoher bis sehr hoher Ausfallwahrscheinlichkeit	Speculative Grade
D		Default / Ausfall

Im vorliegenden Fall verfügt die Süd Entsorgung AG über ein „single A“ Rating, dabei handelt es sich also um ein Unternehmen von guter Bonität im Bereich des Investment Grade.

2. Was ist unter einer Anleihe zu verstehen und welche Formen von Anleiheemissionen gibt es?

Eine Anleihe ist eine Form der Finanzierung über den Kapitalmarkt. Dabei werden neue Wertpapiere emittiert (an den Markt gebracht). Die Käufer solcher Emissionen können sehr unterschiedlich sein. Zum einen zeichnen so genannte institutionelle Anleger (Versicherungen, Banken, Fondsgesellschaften), sonstige Unternehmen oder auch private Anleger die ausgegebenen Wertpapiere.

Die Arten von Anleihen differieren sehr stark, so gibt es Aktienanleihen, Wandelanleihen oder auch Anleihen in Form von Schuldverschreibungen. In diesem konkreten Fall geht es um ein Unternehmen, dass eine Schuldverschreibung emittieren möchte. Unter einer Schuldverschreibung versteht man ein Wertpapier, das ein Versprechen des Emittenten, eine bestimmte Leistung (beispielsweise Zins und Tilgung) zu erbringen, beinhaltet.

Da die Finanzierung der Verbrennungsanlage eher langfristig angelegt werden sollte, bietet es sich an eine möglichst lange Laufzeit der Anleihe zu wählen. Die Ausstattung der Anleihe kann relativ flexibel gehandhabt werden. Wichtig ist, dass die Anleihebedingungen schriftlich fixiert sind. In den Bedingungen werden dann die Ausstattungsmerkmale wie Stückelung, Kündigungsrechte, Zinsanspruch, Laufzeit sowie Zins- und Tilgungszahlungstermine geregelt.

Die Süd Entsorgung AG verfügt dem Sachverhalt zu Folge über keine nennenswerten Kontakte zu potenziellen Abnehmern der Papiere. Daher können Sie als Bank bei der Platzierung der Wertpapiere maßgeblich mithelfen. Sie treten dem Emittenten (Süd Entsorgung AG) als Emissionsbegleiter (Bank) zur Seite und helfen, die Emission zu verkaufen.

Dabei sind grundsätzlich zwei Alternativen denkbar:

- **Festübernahme** (Die Bank bzw. ein Bankenkonsortium garantiert dem Emittenten die Übernahme der Wertpapiere. Entweder behalten die Banken die Papiere dann im eigenen Bestand oder versuchen sie an Dritte weiterzuveräußern.)
- **Absatzvermittlung** (Die Banken helfen bei der Platzierung der Papiere am Kapitalmarkt, verpflichten sich aber nicht zur Übernahme der Papiere)

3. Welches Risiko kann sich bei Emissionsgeschäften ergeben?

Das besondere Risiko bei der Emission von Wertpapieren besteht darin, dass die zum Verkauf stehenden Papiere nicht platziert werden können. Dieses Risiko wird gemeinhin als Absatzrisiko bezeichnet. Je nachdem, welche Form der Emission (Festübernahme oder Absatzvermittlung) gewählt wird, trägt entweder die Bank/das Bankenkonsortium oder der Emittent das nicht unerhebliche Absatzrisiko.

Lösungsansätze Betriebswirtschaft

4. Welche Auswirkungen hätte eine Kapitalerhöhung in Form von Aktien auf die Bilanz der Süd Entsorgungs AG im Vergleich zur Schuldscheinemission?

Die Neuemission von Aktien bzw. die Kapitalerhöhung hat zur Folge, dass Aktionäre Eigenkapital zuführen. Es erhöht sich auf der Passiva die Position „gezeichnetes Kapital". Das Eigenkapital steht der Gesellschaft als risikotragendes Kapital langfristig zur Verfügung und wird durch die Dividende gewinnabhängig vergütet. Bei der Bonitätsbeurteilung durch Banken und Ratingagenturen würde diese Maßnahme zu einer Verbesserung der Bilanzrelation Eigenkapital zur Bilanzsumme führen, was evtl. eine bessere Bonität implizieren kann. Durch die Kapitalerhöhung kann sich allerdings unter Umständen die Anteilseignerstruktur verändern, was negative bzw. nicht gewollte Effekte nach sich ziehen kann.

Die Zuführung von Fremdkapital durch eine Schuldscheinemission führt nicht zur Erhöhung des risikotragenden Eigenkapitals. Es wird vielmehr auf der Passiva als Verbindlichkeit unter der Position „Anleihen" ausgewiesen. Dadurch verschlechtert sich im Vergleich zur Neuemission von Aktien die Bilanzrelation Eigenkapital zur Bilanzsumme, was evtl. eine Bonitätsverschlechterung nach sich ziehen kann. Im Übrigen fallen bei diesen Anleihen in der Regel fixe, vom Gewinn der Gesellschaft unabhängige Zinszahlungen an, die die Liquidität belasten können. Vorteilhaft kann aber sein, dass sich die Beteiligungsverhältnisse am Grundkapital nicht verändern.

Mit welchen Fragen Sie noch rechnen müssen

- Fragen zur Aktienemission
- Fragen zur Preisfindung im Emissionsgeschäft
- Fragen zur Zuteilung im Emissionsgeschäft

Spezielle verkäuferische Aspekte

- Machen Sie dem Kunden Notizen, welche Unterlagen Sie benötigen, um das Projekt besser beurteilen zu können und geben Sie dem Kunden die entsprechende Aufstellung mit.
- Zeichnen Sie die Unterschiede zwischen Anleihe- und Aktienemission ggf. schriftlich in einer übersichtlichen Tabelle auf.
- Bieten Sie dem Kunden an, sich um die Formalien zu kümmern (Unterstützung bei Prospekten, Ausstattungsmerkmalen, Konsorten, Platzierung). „Das...,...,... und ... übernehmen meine Kollegen und ich sehr gerne für Sie".
- Unterstreichen Sie gegen Ende des Gespräches Ihre Kompetenz auf diesem Gebiet. „Vielen Dank, dass Sie uns Ihr Vertrauen schenken. Ich bin sicher, dass wir Ihnen ein individuelles Emissionspaket schnüren, das Sie begeistern wird."
- Kündigen Sie an, jederzeit bei Fragen zur Verfügung zu stehen. Zögern Sie auch nicht, einen Termin vor Ort am geplanten Bauplatz oder im Büro des Kunden auf Wunsch möglich zu machen.
- Händigen Sie Ihre Visitenkarte aus und verabschieden Sie den Kunden freundlich.

Cross-Selling-Ansätze

Produkte zum Bedürfnis Absicherung:

- Versicherungen
- Festübernahme der Emission

Produkte zum Bedürfnis Anlegen:

- Tagesgelder
- Termingelder
- Kurzfristige Schuldverschreibungen bester Bonität

8.6 Bonitätsanalyse, Vorteilhaftigkeit einer Finanzierung

Situation

Die Handel KG ist bisher nicht Kunde Ihres Hauses. Der Komplementär und Geschäftsführer der KG ist an einer Finanzierung in Ihrem Hause interessiert (kommende Wintermode, Weihnachtsgeschäft und eine Investition im Anlagevermögen). Zu diesem Zweck reicht er Ihnen vorab eine BWA und die Bilanz des Vorjahres ein. Die BWA weist in der Tendenz auf ein ähnliches Ergebnis wie die letzte G+V-Rechnung hin.

Ausschnitt aus der Bilanz und G+V-Rechnung:

Bilanz in TEUR			
Aktiva			**Passiva**
Anlagevermögen	13.300	Eigenkapital	1.250
Umlaufvermögen	5.700	Verbindlichkeiten	17.750

G+V	
Position:	**Betrag in TEUR:**
Umsatzerlöse	32.000
Wareneinsatz	18.000
Personal- / sonstiger Aufwand	9.500 / 2.500
Zinsaufwand	1.300

Orientierungshinweise

Aspekte des Firmenkundengeschäfts:

1. Welche externen Informationen können Sie bereits vor dem Gespräch einholen?
2. Ermitteln Sie die Eigen- und Gesamtkapitalrentabilität des Unternehmens. Welchen Schluss können Sie ziehen?
3. Wäre eine Investition im Anlagevermögen aus Fremdkapital- (5% Zinsen) oder Eigenkapitalerhöhung unter Rentabilitätsgesichtspunkten günstiger, wenn sich der Rohertrag auf 14.250 TEUR änderte?
4. In welchen Positionen unterscheidet sich eine BWA von einer endgültigen G+V-Rechnung und auf Grund welcher Sachverhalte können/müssen Rückstellungen vor dem endgültigen Jahresabschluss gebildet werden?

Betriebswirtschaftliche Aspekte:

5. Was sagt die Kennzahl Cashflow aus, und wie kann sie aus dem Jahresabschluss abgeleitet werden?

Informationsphase

Finanzierung

- Welche Bank ist Hausbank der Handel KG und aus welchem Grund wird die Finanzierung in unserem Hause angestrebt?
- Wie wird die wirtschaftliche Entwicklung der Handel KG für die Zukunft prognostiziert?
- Gibt es Planzahlen (Bilanz, G+V) für die Zukunft?
- Wer ist Kommanditist, wer Komplementär der KG?
- Welche Anteile halten die Personen?
- Wer ist für den Bereich Finanzen und Controlling im Unternehmen verantwortlich?
- Welche Investition wird im Anlagevermögen getroffen?
- Welche Effekte erwarten Sie durch die neue Investition?
- Wie hoch soll die Investition im Anlagevermögen sein?
- Wie soll die Finanzierung im Anlagevermögen (Finanzierungsart, -höhe und -laufzeit) erfolgen?
- Welcher Betrag wird zur Finanzierung der neuen Kollektion und des Weihnachtsgeschäfts benötigt?
- In welchem Umfang wurden solche saisonalen Waren bisher beschafft und in welchem Umfang konnten sie abgesetzt werden?
- Wie soll diese Finanzierung (Finanzierungsart, -höhe und -laufzeit) erfolgen?

Geldverkehr

Woher werden die Handelswaren geliefert?

Wie zahlen Ihre Kunden ihre Einkäufe derzeit?

Steuerliche Optimierung

Welche Formen der Finanzierung nutzen Sie derzeit?

Was hält Ihr Steuerberater/Ihr Steuerexperte von…?

Lösungsansätze Firmenkundengeschäft

1. Welche externen Informationen können Sie bereits vor dem Gespräch einholen?

Vor dem Gespräch können Sie bereits folgende Informationen einholen:

Information:	Quelle:
Bankauskunft	Hausbank der Handel KG
Medien	Tagespresse, Radio, TV
Auskunfteien	Creditreform
Branchenvergleichszahlen	Brancheninformationssystem
Negative externe Auskünfte	Negativliste regionale IHK
Handelsregisterauszug	Handelsregister, Amtsgericht
Firmenbroschüren, Firmenauskünfte	Internetseite Handel KG

2. Ermitteln Sie die Eigen- und Gesamtkapitalrentabilität des Unternehmens. Welchen Schluss können Sie ziehen?

Zur Ermittlung der Rentabilitätskennzahlen ist zunächst einmal der Gewinn der Handel KG zu berechnen.

	Betrag:	G+V-Position:
+	32.000	Umsatzerlöse
./.	18.000	Wareneinsatz
=	**14.000**	**Rohertrag**
./.	9.500	Personalkosten
./.	2.500	Sonstige Kosten
=	**2.000**	**Operatives Ergebnis**
./.	1.300	Zinsaufwand
=	**700**	**Gewinn**

Zur Ermittlung der Eigenkapitalrentabilität wird nun der Gewinn mit dem Eigenkapital ins Verhältnis gesetzt:

Eigenkapitalrentabilität (EKR):

$$EKR = \frac{Gewinn \times 100}{Eigenkapital} \qquad EKR = \frac{700 \times 100}{1.250} = 56\%$$

Zur Ermittlung der Gesamtkapitalrentabilität wird der Gewinn mit dem Zinsaufwand addiert und ins Verhältnis zur Summe aus Eigen- und Fremdkapital gesetzt.

Gesamtkapitalrentabilität (GKR):

$$GKR = \frac{(Gewinn + Zinsaufwand) \times 100}{Eigenkapital + Fremdkapital}$$

$$GKR = \frac{(700 + 1.300) \times 100}{1.250 + 17.750} = 10{,}53\%$$

Im Vergleich zur Gesamtkapitalrentabilität ist die Eigenkapitalrentabilität extrem hoch. Dies kann daran liegen, dass nur wenig Eigenkapital gebildet bzw. dieses durch Verluste in früheren Jahren aufgezehrt wurde. Denkbar ist aber auch, dass die Ertragskennzahlen sehr gut sind. Um sich ein genaueres Bild machen zu können, sollten einerseits noch Bilanzen aus früheren Geschäftsjahren eingeholt werden. Zum anderen ist ein Vergleich der individuellen Zahlen mit Branchenvergleichzahlen empfehlenswert.

3. **Wäre eine Investition im Anlagevermögen aus Fremdkapital- (5% Zinsen) oder Eigenkapitalerhöhung unter Rentabilitätsgesichtspunkten günstiger, wenn sich der Rohertrag auf 14.250 TEUR änderte?**

Aus der Aufgabenstellung heraus ist zunächst kein Investitionsbetrag im Anlagevermögen erkennbar. Spätestens in der Informationsphase bekommen Sie vom Kunden aber die gewünschten Informationen. Wir nehmen einmal an, die Investition würde 1.000 TEUR betragen. Aus dem Sachverhalt ist aber bekannt, dass sich der Rohertrag um 250 TEUR erhöht (vgl. Rohertrag 14.000 aus Teilfrage 2). Da keine weiteren Angaben gemacht sind, würde sich demnach auch der Gewinn um 250 TEUR erhöhen.

Finanzierung mit Eigenkapital:

Wenn die Investition aus einer Eigenkapitalerhöhung finanziert werden soll, würde sich das Eigenkapital entsprechend um 1.000 TEUR erhöhen.

$$EKR = \frac{(700 + 250) \times 100}{1.250 + 1.000} = 42{,}22\%$$

Unter der Prämisse einer Eigenkapitalerhöhung von 1.000 TEUR erhöht sich das Gesamtkapital ebenfalls um 1.000 TEUR.

$$GKR = \frac{(700 + 1.300 + 250) \times 100}{1.250 + 1.000 + 17.750} = 11{,}25\%$$

Finanzierung mit Fremdkapital:

Bei der Finanzierung mit Fremdkapital würde sich in der Höhe des Eigenkapitals im Vergleich zur Teilfrage 2 keine Veränderung ergeben. Allerdings würden die zusätzlichen Zinszahlungen den Gewinn um (1.000 x 0,05 = 50 TEUR) verringern.

$$EKR = \frac{(700 + 250 - 50) \times 100}{1.250} = 72\%$$

Die Gesamtkapitalrentabilität errechnet sich analog dem Fall der Finanzierung aus einer Eigenkapitalerhöhung. Dies liegt daran, dass die Zinszahlung zwar den Gewinn mindert, gleichzeitig aber den Zinsaufwand erhöht. Da der Zinsaufwand wieder zum Gewinn addiert wird, kompensieren sich beide Effekte.

$$GKR = \frac{(700 + 1.350 + 250 - 50) \times 100}{1.250 + 1.000 + 17.750} = 11{,}25\%$$

Festzuhalten bleibt:

Für die Handel KG ist die Fremdfinanzierung vorteilhaft. Dies hat folgende Gründe:

Die Eigenkapitalrentabilität ist größer als der Finanzierungszins des Fremdkapitals

Die Eigenkapitalrentabilität ist mit 72 % bei Fremdfinanzierung größer als bei Zuführung von Eigenkapital (42,22 %).

Dieses Phänomen wird in der Betriebswirtschaft als Leverage Effekt beschrieben.

4. In welchen Positionen unterscheidet sich eine BWA von einer endgültigen G+V-Rechnung und auf Grund welcher Sachverhalte können/müssen Rückstellungen vor dem endgültigen Jahresabschluss gebildet werden?

Betriebswirtschaftliche Auswertung BWA

Eine Betriebswirtschaftliche Auswertung (BWA) der DATEV stellt im Grunde genommen eine Momentbetrachtung des Buchungsstandes zu einem bestimmten Stichtag dar. In der Regel werden diese Auswertungen vom Steuerberater des Unternehmens erstellt. Ohne Summen- und Saldenliste ist die Aussagekraft einer BWA zunächst einmal sehr beschränkt. Dadurch, dass eine BWA nur eine Momentaufnahme darstellt, gibt es einige Positionen, die in der Regel nicht oder nur unzureichend berücksichtigt sind, da diese Sachverhalte erst im Rahmen des Jahresabschlusses fixiert werden. Die Fixierung am Ende des Geschäftsjahres erfolgt auch unter steuerlichen Gestaltungsmöglichkeiten. Die Problempositionen sind:

- Abschreibungen (linear oder degressiv am Jahresende)

- Rückstellungen (fehlen sehr häufig)
- Aktive- und Passive Rechnungsabgrenzungsposten
- Sonstige Abgrenzungen (Urlaubs- oder Weihnachtsgelder)
- Bestandsveränderungen (häufig keine monatliche Pflege)
- Steuerbelastungen stehen noch nicht fest
- Beteiligungsergebnisse stehen noch nicht fest

Dadurch, dass diese Positionen nicht oder nicht vollumfänglich berücksichtigt sind, kann das tatsächliche Jahresergebnis von dem prognostizierbaren Jahresergebnis deutlich abweichen. Daher sind BWAen mit Vorsicht ins Kalkül zu ziehen.

Die Angaben in der BWA können daher auch durch die Vorlage weiterer Unterlagen untermauert werden. Zu diesen Unterlagen zählen beispielsweise: Debitorenliste, Kreditorenliste, Auftragseingänge, Auslastungsbeleg, Inventurlisten, Verbindlichkeitenübersicht oder auch eine Deckungsbeitragsrechnung.

Wichtig anzumerken bleibt:

BWAen sind nur beschränkt aussagefähig, daher ist es durchaus erforderlich weitere Unterlagen einzuholen. BWAen werden vor allem von kleineren Unternehmen vorgelegt, die über kaum interne Steuerungsinstrumente verfügen. Je größer ein Unternehmen (Orientierung Umsatz), desto höher sollten auch die Anforderungen an ein internes Controlling gestellt werden.

Rückstellungen

Rückstellungen werden bei bestimmten Sachverhalten gebildet. Handelsrechtlich sind gem. § 249 HGB für folgende Fälle Rückstellungen zu bilden:

- Drohende Verluste aus schwebenden Geschäften
- Ungewisse Verbindlichkeiten
- Aufwendungen für unterlassene Instandhaltung
- Gewährleistungen
- Aufwendungen, die am Abschlussstichtag wahrscheinlich oder sicher sind, deren Höhe und Zeitpunkt des Eintritts aber unbekannt sind

In den Bilanzen können häufig folgende Rückstellungen aufgefunden werden:

- Erstellung des Jahresabschlusses
- Steuern
- Prozesskosten
- Gewährleistung
- Für nicht gewährten Urlaub
- Für Tantiemen oder Gratifikationen
- Pensionsrückstellungen

Lösungsansätze Betriebswirtschaft

5. Was sagt die Kennzahl Cashflow aus, und wie kann sie aus dem Jahresabschluss abgeleitet werden?

Der Cashflow gibt über die Zahlungsmittel Aufschluss, die einem Unternehmen im Rahmen seiner Geschäftstätigkeit zufließen. Ein Unternehmensinterner könnte zur korrekten Ermittlung des Cashflows auf direktem Wege vorgehen:

	Berechnungsschritt bzw. Ergebnis
+	Summe aller Einzahlungen des Geschäftsjahres
./.	Summe aller Auszahlungen des Geschäftsjahres
=	Cashflow des Geschäftsjahres

Ein Unternehmensexterner hat bei der Ermittlung des Cashflows aber nicht die selben Daten zur Verfügung wie der Unternehmensinsider. Aus diesem Grund wird auf indirektem Wege im Rahmen der Bilanzanalyse aus dem Jahresabschluss der Cashflow ermittelt. Zur Ermittlung des Cashflows hat sich in der Literatur eine Vielzahl von Berechnungsschemata entwickelt.

Eine relativ detaillierte Möglichkeit der indirekten Cashflow Ermittlung wird nun dargestellt:

	Berechnungsschritt bzw. Ergebnis
+	Bilanzgewinn
+	Einstellung in die Rücklagen
./.	Entnahme aus den Rücklagen
./.	Gewinnvortrag
+	Verlustvortrag
=	Jahresüberschuss (Jahresfehlbetrag)
+	Abschreibungen
./.	Zuschreibungen
+	Erhöhung der langfristigen Rückstellungen
./.	Minderung der langfristigen Rückstellungen
=	Brutto Cashflow
./.	Gewinnausschüttungen
=	Netto Cashflow

Der Cashflow spielt im Kreditgeschäft eine ganz entscheidende Rolle, da Kredite nur dann gewährt werden sollten, wenn die Kapitaldienstfähigkeit sichergestellt werden kann. Die Kennzahl, die zur Deckung der Zins- und Tilgungsleistung herangezogen wird ist eben genau der Cashflow. Ein abstellen auf Kreditsicherheiten sollte bei einer Finanzierung nur an zweiter Stelle berücksichtigt werden, da die Sicherheitenverwertung im Ernstfall mit teilweise enormen Kosten verbunden ist.

Mit welchen Fragen Sie noch rechnen müssen

- Fragen zur Beurteilung der Investition
- Fragen zu anderen Kennzahlen (Betriebsergebnis, Rohertragsquote, Debitorenlaufzeiten...)
- Fragen zur Erfüllung § 18 KWG und den einzureichenden Unterlagen

Spezielle verkäuferische Aspekte

- Vergessen Sie gerade bei diesem Gespräch Ihre Visitenkarte nicht und setzen Sie diese gezielt ein! Hier ist es geschickt, die Visitenkarte nicht am Ende des Gesprächs heraus zu geben, sondern gleich zu Beginn, wenn Sie sich dem Kunden als sein persönlicher Berater vorstellen. Eine Herausgabe am Ende des Gesprächs wirkt eher wie eine kleine Zugabe, und die Wirkung ist bei weitem nicht so effektiv.
- Sprechen Sie offen an, welche Unterlagen Sie noch brauchen, um eine Kreditentscheidung treffen zu können. Machen Sie dem Kunden am besten eine Notiz, auf der alle Unterlagen vermerkt sind und geben Sie ihm das Blatt mit.
- Weisen Sie auf die Stärken und ggf. auch die Schwächen des Unternehmens hin, die Ihnen beim ersten Sichten der Unterlagen auffallen.
- Stellen Sie dar, worin der Vorteil der Fremdkapitalfinanzierung unter Rentabilitätsgesichtspunkten besteht.
- Reden Sie unbedingt laut, während Sie Berechnungen im Beisein des Kunden durchführen. Dadurch schaffen Sie Transparenz, erleichtern dem Kunden das Nachvollziehen der Berechnungen und vermeiden „peinliche Pausen".
- Vereinbaren Sie einen neuen konkreten Termin, um weitere Details, die Übergabe von Unterlagen bzw. eine Kreditentscheidung mitteilen zu können.
- Bieten Sie an, jederzeit telefonisch für Fragen zur Verfügung zu stehen und auch ggf. gerne einen Termin vor Ort beim Kunden wahrzunehmen.

Cross-Selling-Ansätze

Produkte zur Bedürfnisebene Geldverkehr:

- Kontokorrentkonto
- Kartenzahlungssysteme
- ggf. Internetshop
- ggf. Akkreditive oder Dokumenteninkasso

Produkte zur Bedürfnisebene steuerliche Optimierung:

- Leasing bzw. Sale and lease back
- Rahmenvertrag betriebliche Altersvorsorge

8.7 Präsentation, Basel II, Rating und Kreditkondition

Situation

Im Rahmen einer Veranstaltung Ihrer Bank für Firmenkunden bittet Sie der Vorstand, einen Informationsvortrag zum Thema Rating zu halten. Da der eigentliche Referent kurzfristig absagen musste, hat Ihnen die Geschäftsleitung einen groben Rahmen gegeben, der in Ihrem Vortrag abgedeckt werden soll.

Die anwesenden Firmenkunden sollen zunächst einen Überblick über das Thema Basel II und Rating bekommen. Dazu soll auch auf die Komponenten des Ratings und dessen Konsequenzen für die Kreditkondition eingegangen werden.

Zuletzt interessiert auch der Aspekt, welche Konsequenzen eintreten könnten, wenn sich Banken aus der Finanzierung von Firmen zurückziehen würden und ob ein solcher Sachverhalt durch Basel II zu erwarten ist.

Orientierungshinweise

Bereiten Sie eine entsprechende Präsentation vor und stellen Sie die Inhalte den Firmenkunden auf der Veranstaltung dar.

Achtung:

Eine derart umfangreiche Präsentation dürfte Ihnen im Normalfall in der Prüfung nicht vorgelegt werden. Verschiedene Teilbereiche des Themas bieten sich aber geradezu für eine Präsentation an. Daher wird das Thema hier Platz sparend in einem Fall zusammen gefasst.

Lösungsansätze und Medieneinsatz

Als Einstieg bietet es sich an, ein Inhaltsverzeichnis vorzustellen, auf dem kurz die zu präsentierenden Punkte genannt werden. Dazu können Sie sich entweder des Flipcharts oder auch einer Tafel bedienen. Wichtig ist nur, dass das Inhaltsverzeichnis möglichst während der gesamten Präsentation sichtbar bleibt. Ihr Inhaltsverzeichnis könnte wie folgt aussehen:

Themengebiete:

- Überblick Basel II
- Überblick und Komponenten des Rating
- Rating und Kreditkondition
- Kreditklemme durch Basel II?

Überblick Basel II

Um einen Überblick über das Thema Basel II zu schaffen, bietet es sich an, die drei Säulen aufzuzeigen und dazu dann einige Ausführungen zu machen. Als Medium für die drei Säulen Übersicht bietet sich entweder der Flip-Chart oder eine Projektorfolie an.

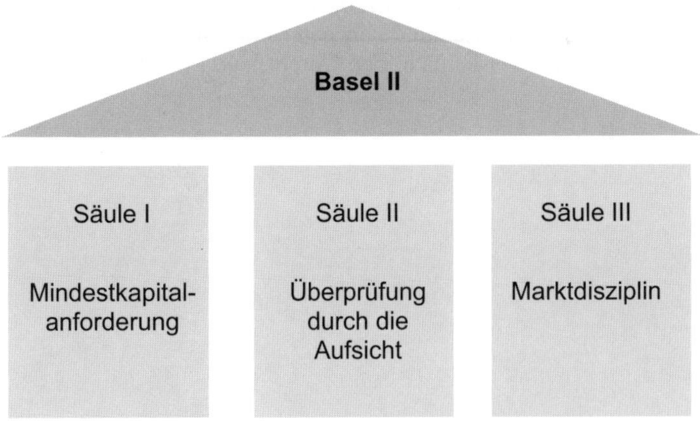

Abb.: Die Drei Säulen von Basel II

Unter dem Namen Basel II ist eine internationale Übereinkunft zu verstehen, die das Ziel hat, die Stabilität und Solvabilität der Banken zu sichern. Das Werk regelt zum einen die Unterlegung von Risikoaktiva mit Eigenkapital der Kreditinstitute neu und löst zum anderen den ersten Basler Akkord ab.

Säule I:

Die Mindestkapitalanforderungen der ersten Säule verlangen, dass Kreditinstitute für die eingegangenen Risiken genügend Eigenkapital vorhalten. Dabei geht es um die Eigenkapitalunterlegung für Kredit-, Marktpreis- und operationelle Risken. Im vergleich zu Basel I erfolgt nach Basel II die Eigenkapitalunterlegung risikoorientiert. Bisher wurden Unternehmenskredite mit einem Risikogewicht von 100% versehen. Da der Solvabilitätskoeffizient nach Basel I 8 Prozent beträgt, hat dies zur Folge, dass ein Kreditinstitut jeweils 8% (100% * 8%) des Kreditvolumens in diesem Kundensegment mit Eigenkapital unterlegen muss. Nach Basel II wird nun dieses Risikogewicht für die Eigenkapitalunterlegung von der Bonität des jeweiligen Kunden abhängig gemacht. Dabei muss bei Kunden schlechter Bonität mehr Eigenkapital und bei Kunden guter Bonität weniger Eigenkapital hinterlegt werden. Die Bonitätsmessung der Kunden erfolgt dabei mit Hilfe von Ratingverfahren. In Basel II werden zur Messung der Bonität und zur daraus folgenden Eigenkapitalunterlegung zwei Ansätze angeboten. Dabei handelt es sich um den Standard- und den auf internen Ratings basierenden (IRB) Ansatz. Der grundlegende Unterschied zwischen beiden Ansätzen besteht in der Anwendung verschiedener Ratingverfahren. Während im Standardansatz ein externes Rating verwendet wird, wird der IRB-Ansatz auf Grundlage eines internen Ratings vorgenommen.

Beispiel:

Ein Kreditinstitut vergibt einen Kredit über 100 EUR an ein Unternehmen. Dabei soll dieses Unternehmen einmal von guter und einmal von schlechter Bonität sein. Die folgende Grafik verdeutlicht den Unterschied zwischen Basel I und Basel II.

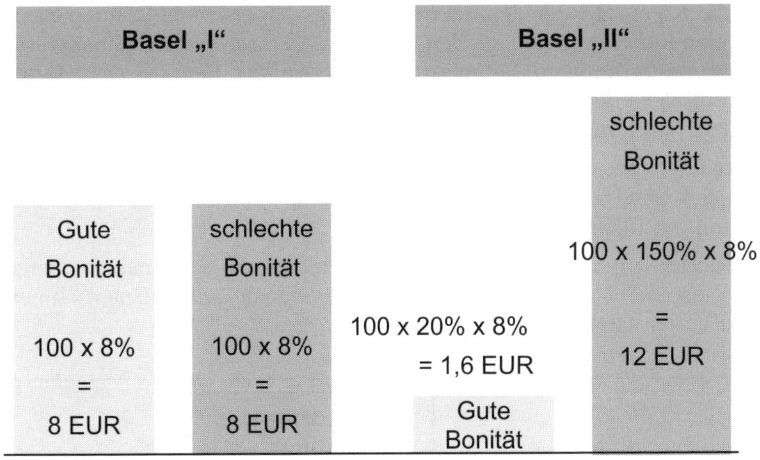

Abb.: Eigenkapitalunterlegung nach Basel I und Basel II je nach Bonität des Kunden (am Beispiel des Standardansatzes)

Säule II:

In Säule zwei ist verankert, dass die Aufsicht Kontrollen über das bisherige Maß hinaus durchführen kann. Dabei kann die Aufsicht sich die internen Verfahren der Kreditinstitute zum Risikoprofil offen legen lassen und auf Unzulänglichkeiten hinweisen.

Säule III:

Es werden den Banken umfassende Offenlegungspflichten auferlegt, die die Transparenz erhöhen sollen. Dadurch sollen externe Analysten und Interessenten die jeweilige Risikolage eines Kreditinstitutes erkennen und beurteilen können. Es erfolgt praktisch eine Kontrolle durch den Markt, die die aufsichtsrechtliche Kontrolle ergänzt.

Überblick und Komponenten des Ratings

Um sich einen Überblick über das Rating zu verschaffen, reicht es aus, kurz zu definieren, was darunter zu verstehen ist, ohne eine besondere Grafik hierfür verwenden zu müssen.

Ein Rating ist ein Instrument, das dabei hilft, Kunden in verschiedene Bonitätsklassen einzuteilen. Ratings sind in aller Regel auf statistischen Erhebungen und Berechnungen entwickelt. Dazu bedient man sich dem Zahlenmaterial aus der Vergangenheit und untersucht, welche Faktoren für einen Kreditausfall verantwortlich waren. Das Ergebnis eines Ratings ist eine Ratingnote, die einer bestimmten Ausfallwahrscheinlichkeit zugeordnet ist, die angibt, mit welcher Wahrscheinlichkeit ein Kreditnehmer der entsprechenden Ratingklasse, innerhalb einer bestimmten Zeit (beispielsweise innerhalb eines Jahres) ausfallen wird.

Um die Komponenten des internen Ratings darzustellen, können Sie sehr gut mit Metaplan-Karten arbeiten. Stellen Sie während Ihrer Vorbereitungszeit schon einmal die Karten zusammen. Nehmen Sie für jeden der Begriffe eine Karte. Heften Sie während der Präsentation die erste Karte an die Pinwand und sagen Sie einige Sätze dazu, dann folgt die zweite Karte und so weiter.

In der Regel bestehen Ratings aus zwei Teilen. Zum einen wird die finanzielle Situation des Unternehmens mit Hilfe von Bilanzkennzahlen und Kennzahlen aus der Gewinn- und Verlustrechnung gewürdigt.

Zum anderen berücksichtigen Ratingverfahren auch so genannte qualitative Faktoren. Diese berücksichtigen die „Qualitätsmerkmale“ eines Unternehmens, die nicht direkt in den Finanzkennzahlen erkennbar sind.

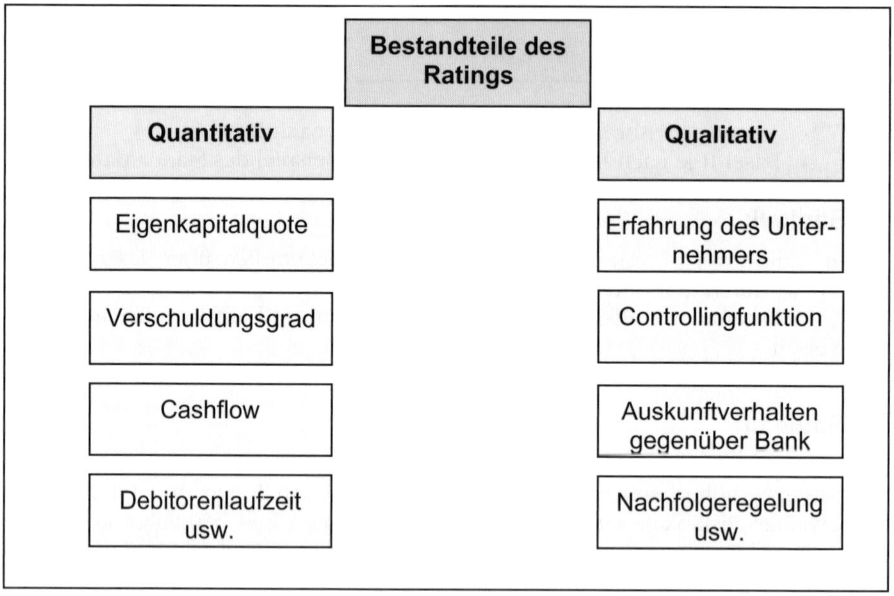

Bestandteile des Ratings

Rating und Kreditkondition

Interne Ratings können vor allem zwei Effekte für ein Unternehmen haben. Zum einen schlägt sich die ermittelte Bonität in der Kreditkondition nieder, zum anderen kann die Bonität auf die Kreditentscheidung einen Einfluss haben.

Einfluss auf die Kreditkondition:

Die Bonität eines Kunden ist in einem Ratingverfahren immer mit einer Ausfallwahrscheinlichkeit dokumentiert. Je nach Bonität des Kunden, der sich in einer Ratingklasse befindet, werden die Kreditinstitute unter Berücksichtigung verschiedener Faktoren eine Bonitätsprämie ermitteln. Diese Bonitätsprämie dient dem Ausgleich der Kreditausfälle, die in dieser Klasse zu erwarten sind. Je schlechter die Bonität des Kunden ist, desto höher wird die Bonitätsprämie und damit die Kreditkondition ausfallen.

Vor dem Hintergrund von Basel II werden die Kreditinstitute eine Eigenkapitalunterlegung haben, die von der Kundenbonität abhängen wird. Da Eigenkapital auch immer mit Kosten (Eigenkapitalverzinsung) verbunden ist, werden Unternehmen, für die mehr Eigenkapital unterlegt werden muss auch höhere Kreditzinsen zahlen müssen. Umgekehrt verhält es sich bei Unternehmen, für die nun weniger Eigenkapital aufgebracht werden muss.

Der Einfluss auf die Kreditkondition kann auch grafisch schön auf einer Folie dargestellt werden:

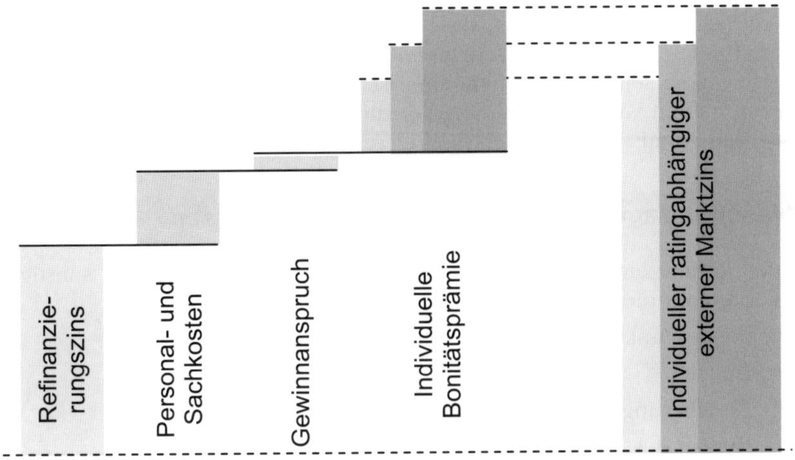

Einfluss auf die Kreditentscheidung:

Unternehmen mit guter Bonität brauchen sich um den Zugang zu Kapital kaum Sorgen zu machen. Sie können davon ausgehen, dass ihnen auch weiterhin (evtl. sogar zu besseren Konditionen) Kredite gewährt werden. Bei Unternehmen schwacher Bonität kann es dazu kommen, dass die Kreditinstitute entweder gar keinen Kredit gewähren oder eine entsprechende Risikoprämie anfällt.

Kreditklemme durch Basel II?

In Anlehnung an einen einfachen Wirtschaftskreislauf, kann festgehalten werden, dass private Haushalte konsumieren und sparen. Das gesparte Kapital wird bei Banken angelegt, verzinst und steht für Finanzierungszwecke zur Verfügung. Da Unternehmen für ihre Investitionen finanzielle Mittel benötigen, wenden diese sich an die Kreditinstitute und nehmen dort Kredite auf. Würden sich die Banken also aus der Finanzierung der Unternehmen zurückziehen, könnten notwendige Investitionen nicht mehr in ausreichender Höhe getätigt werden. Dies hätte zur Folge, dass die Unternehmen weniger innovativ und wettbewerbsfähig würden. Dies wiederum belastete die Gewinne der Unternehmen und damit die Einkommen der privaten Haushalte, sodass wieder weniger gespart und konsumiert werden könnte oder sogar Sparreserven aufgebraucht würden. Das fehlende Kapital bei den Banken würde dann für weitere Kredite an Unternehmen fehlen, sodass ein sich immer weiter verschärfendes wirtschaftliches Umfeld entstehen könnte.

Ob es im Zusammenhang mit Basel II dazu kommen wird, dass sich Banken aus der Finanzierung von Unternehmen zurückziehen, kann nicht abschließend geklärt werden. Sicherlich ist es richtig, dass Banken in Zeiten der Rezession tendenziell weniger Kredite vergeben werden, als in Zeiten anziehender Konjunktur. Vielmehr wird es wohl so sein, dass Kreditnehmer schwacher Bonität künftig einen höheren Kreditzins zahlen werden, als solche mit „normaler" Bonität. Gute Adressen hingegen werden voraussichtlich einen niedrigeren Kreditzins zahlen.

Zwischenfrage mit der Sie noch rechnen müssen

Eventuell könnte eine Zwischenfrage kommen, die eine Darstellung sonstiger Einflussfaktoren auf die Kreditkondition verlangt.

Entscheidende Punkte für die Finanzierung und die Kondition:

- Laufzeit
- Besicherung
- Bonität des Kreditnehmers
- Kredithöhe

Je nach Laufzeit des Kredites variiert auch die Kreditkondition. Bei normaler Zinsstrukturkurve liegen die langfristigen Zinssätze höher als die Zinssätze kurzer Laufzeiten. Bei inverser Zinsstruktur verhält es sich genau umgekehrt.

Was die Besicherung des Kredites anbelangt, so gilt, dass je höher die Besicherung, desto niedriger die Kreditkondition.

Die Kredithöhe kann einen weiteren Effekt auf die Kondition haben, da bei einer Kreditgewährung Kosten entstehen (Beratung, Kreditbeschluss, Kreditverträge). Diese Kosten haben vor allem Fixkostencharakter, sodass diese Fixkosten bei steigendem Kreditvolumen relativ sinken. Allerdings werden diese Kostenersparnisse nicht immer weitergegeben und bieten auch ab einem bestimmten Volumen kaum nennenswerte Beträge. Die entsprechend zu kalkulierende Kostenmarge ist natürlich auch von der Laufzeit des Kredites abhängig.

Diese Fixkostendegressionseffekte lassen sich am Flipchart oder einer Folie leicht übersichtlich darstellen:

Beispiel:

Die Kosten bei Beantragung eines Annuitätendarlehens sollen 1500 EUR und die Laufzeit des Darlehens ein Jahr betragen.

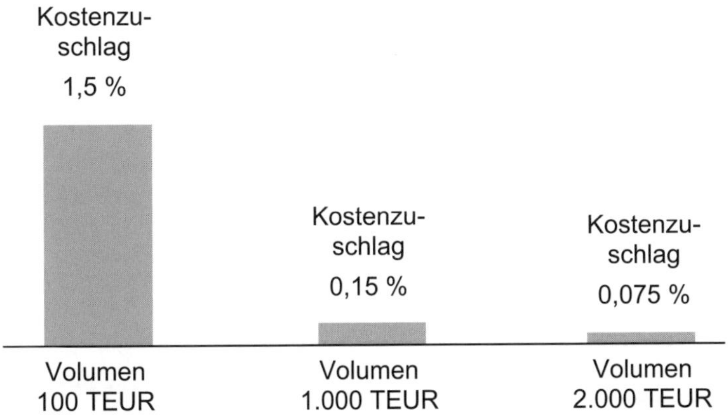

Berechnung:

1.500 x 100 / 100.000 = 1,500

1.500 x 100 / 1.000.000 = 0,150

1.500 x 100 / 2.000.000 = 0,075

Schlagwortverzeichnis

§

A

B

C

D

E

F